藏书

珍藏版

二十四史

精编

赵文博 主编

叁

辽海出版社

目　录

晋　书

宋　书

南齐书

晋

书

《晋书》概论

　　《晋书》，唐房乔即房玄龄撰，共一百三十卷，计有本纪十卷，志二十卷、列传七十卷、载记三十卷，记载从晋武帝泰始元年至恭帝元熙二年（256～420）一百五十六年的史事，诸志所载典章制度则上承汉末。书中虽多矛盾、疏漏，但仍是研究晋史的主要依据。

一

　　《晋书》一百三十卷，始修于唐太宗贞观十八年（644），至二十年修成。按朝代顺序，《晋书》在二十四史中列第五，但从成书年代看，《晋书》成于唐初，在宋、齐、魏乃至隋书之后，距西晋灭亡已有三百多年，距东晋灭亡也有二百多年。

　　《晋书》题为房乔撰，实际上是一部集体撰制的官修史书。在我国史籍的编撰史上，唐初可以说是一个转折点。唐代以前，史书的编撰是官修和私人编撰并存而以私家著述为主，私家编撰的史书往往不能完全符合当权统治集团的需要，甚至某些奉诏所修的国史，也由于修史者不尽站在以皇帝为代表的最高统治集团一边，自觉不自觉地触及乃至危害其统治利益，因此在隋文帝统一全国后，为了进一步加强中央集权，在史学方面加强了控制，开皇十三年（593）下诏："人间（即民间）有撰集国史、臧否人物者，皆令禁绝。"（《隋书·文帝纪》）这是明令禁绝私人撰集国史。唐朝政治上的再度统一，要求思想文化方面有相应的措施，扫除分裂割据的痕迹，树立统一的历史观。私人修史远远不能适应这种形势的需要。于是在贞观三年（629）设置专门的修史机构，从而把官修国史制度化，完成了国史从私修到官修的过渡。《晋书》的编修正是这种官修史书背景下的重要产物。

　　《晋书》的撰稿人很多，参加编写工作的共有二十二人。其中房玄龄（即房乔）、褚遂良、许敬宗三人为监修，即担任主编；此外，唐太宗李世民还亲自写了宣帝纪、武帝纪、陆机传、王羲之传等四篇论赞，所以《晋书》旧称"太宗文皇帝御撰"也是有道理的。

二

　　《晋书》以其百三十卷的巨制，能在短短三年时间内编成，除上面提到的编写人员众多这个因素外，另一个因素则是可供直接参考的资料十分丰富。唐朝官修的《晋书》所利用的史料大致有三个来源：一是两晋南北朝时期各家撰著的有关晋朝历史；一为晋朝各帝的起居注；一为杂史文集等史料。

　　首先是十八家晋史。晋末距唐初已有二百余年，在这一段时间内，研究晋史的学者很多，据《隋书·经籍志》和《唐书·艺文志》所载，已成书的不下二十家。唐太宗在《修〈晋书〉诏》中称："前后晋史十有八家"。但究竟是哪十八家，到现在已很难确定，一般通行的意见，是指：晋陆机的《晋纪》，王隐的《晋书》，谢沈的《晋书》，干宝的《晋纪》，邓粲的《晋纪》，孙盛的《晋阳秋》，虞预的《晋书》，曹嘉之的《晋纪》，何法盛的《晋中兴书》，朱凤的《晋书》；宋：徐广的《晋纪》，檀道鸾的《续晋阳秋》，裴松之的《晋纪》，谢灵运的《晋书》；齐：臧荣绪的《晋书》；梁：萧子云的《晋书》，萧子显的《晋史草》，沈约的《晋书》等十八家。此外还有晋：束晳的《晋书》

帝纪十志，荀绰的《晋后书》，习凿齿的《魏晋春秋》；
宋：刘谦之的《晋纪》，王韶之的《晋纪》，郭季产的
《晋纪》；梁：萧铣的《东晋新书》，郑忠的《晋书》
等八家，也在参考之列。

　　上述这些史书，体例不尽相同，有的属纪传体，有
的为编年体；所记年限也不尽一致，有的只写到西晋灭
亡，有的仅东晋一朝史事，而最使唐初统治集团深感不
满的，是没有一个尽善尽美的本子为他们所用，所以唐
太宗要批评说"（臧）荣绪烦而寡要，行思（谢沈）劳
而少功，叔宁（虞预）味同画饼，（萧）子云学埋涸
流，处叔（王隐）不预于中兴，（何）法盛莫通乎创
业"。至于干宝、陆机、曹嘉之、邓粲只不过略记帝
王，檀道鸾、孙盛、徐广、裴松之等人虽然富有才华，
然而"其文既野，其事罕有"。于是下诏重修。唐朝官
修的《晋书》即以臧荣绪的《晋书》为底本，参考其
余史料，重新编写而成的。

　　其次是晋朝的起居注。晋朝的史官是著作郎兼任
的，初隶属于中书省，晋惠帝时，又设置著作郎一人，
称为"大著作"，专掌史任，同时设辅助性的佐著作郎
八人。著作郎掌起居集注，记录皇帝言行和当朝大事。
因此晋朝的起居注很多，据《隋书·经籍志》记载，
就有二十三种，共五百五十七卷，这也是修《晋书》

的重要参考资料。

再次是杂史文集，包括有晋朝旧事、五胡十六国史及杂说三种。关于晋朝旧事的有《晋朝杂事》、《晋宋旧事》、《晋要事》、《晋故事》、《晋建武故事》、《交州杂事》、《晋八王故事》、《桓玄伪事》、《晋东宫旧事》等书。五胡十六国的国书三十家，及崔鸿的《十六国春秋》等书。杂说如傅畅的《晋诸公赞》、郭颁的《魏晋世语》、刘孝标《世说新语注》，祖冲之的《述异记》，刘义庆的《幽明录》，干宝的《搜神记》，东阳无疑的《齐谐记》，许善心的《符瑞记》等书。

正是由于唐朝官修《晋书》取材宏富，加之编纂得当，所以明显优于以往各种晋史。唐代著名史学家刘知几在他的史学名著《史通》中说，自从唐本《晋书》出现后，"言晋史者皆弃其旧本，竞从新撰者焉"。唐朝官修《晋书》能够取代旧有的十八家晋史，得到广泛流传，说明它的编写是成功的，也自有其存在的价值。

《晋书》系叙述两晋（西晋、东晋）时期一百五十五年（265～419）的历史。总括起来，它有如下特点和价值。

首先，从编辑分工合作情况看，《晋书》是官修史书中组织分工比较合理、能够发挥各家专长的一部史学著作。在《晋书》的修撰过程中，主持监修的房玄龄等人对组织分工作了比较合理的安排，因其所长，分工撰录，便于发挥个人专长，然后集合各人的专长，合成一书。这在官修史书是一个比较突出的特点。后代官修史书在这方面是赶不上《晋书》的。

其次，从编辑体例来说，《晋书》在古代史籍中是体例比较合理并有所创新的一部史学著作。《晋书》的编辑体例，基本上沿袭《史记》、《汉书》、《宋书》、《南齐书》、《魏书》的体例并加以发展。有本纪、列传、志书和载记，发挥了纪传体史书固有的特色。本纪中的宣帝、景帝、文帝三纪，追述西晋建立前曹魏后期司马氏专权的历史，说明晋朝帝业的开创始末。这三人虽没有帝号，陈寿《三国志》也未立传。干宝《晋纪》创立三帝纪，唐修《晋书》承袭这种做法，并对以后的《金史》创立《世纪》产生了影响。

《晋书》列传的编次，很是得体。例如陶潜死于刘宋，为了褒奖他心不忘晋，也为他立传；桓温本有争晋的阴谋，所以他的传不列入桓彝之下，而是与王敦、桓玄同入叛逆传中。七十卷列传，共列入七百七十二人，除按时代先后编次外，还有很多合传。其中有按高门士族合为一传的，有的多达十人以上，如桓彝子孙十六人、安平王司马孚子孙十三人、王湛子孙十二人、陶侃子孙十一人，分别合为一传。该种写法反映了当时士族的强盛和时人对门第观念的重视。有的则按传主的共同特点合传，如阮籍、嵇康、向秀、刘伶等人合合传，是因为他们都具有"其进也，抚俗同尘；其退也，餐和履顺，以保天真"的特点。比如将徐广、陈寿等十二人合为一传，皇甫谧、束皙等四人合为一传，则是因为他们都是历史学家、考古家。又比如卷五十九的八王合为一传，若以世次论，他们根本不可能合为一传，但因为他们是导致西晋灭亡的"八王之乱"的罪魁，所以也合为一传。

《晋书》中载记的运用是最著特色的体裁。载记是用来记叙新市、平林、公孙述等的割据势力，有些类似于《史记》的世家。《晋书》写的是统一皇朝的历史，对于东晋十六国时期的历史记载，自然贯彻着一种统一的思想。十六国都在中土，又不受晋封，势难以按照《史记》的世家那样处理，因为世家所列诸侯皆由周王室分封而承认周王室为天下共主，这样就只有援引"载记"之例，分国记述前赵、后赵、前燕、前秦、后秦、后蜀、后凉、后燕、西秦、北燕、南凉、南燕、北凉、夏等十四个政权。三十载记，只称"僭伪"，不强调"华夷"，正是唐太宗摒弃华夷之辨的狭隘民族偏向，实行"爱之如一"的民族政策的思想的直接体现。

再次，从史料的角度看，《晋书》取材广泛，内容丰富，叙事详尽，是一部具有较高史料价值的史学著作。这是《晋书》的一大优点。唐代创官家修史，在图书资料的汇集和人力的组织上都要优于私家。前文在叙及《晋书》的史料来源时曾提十八家晋史及其他史著，这在《晋书》中也有反映。比如在《晋书》本纪中，追溯了曹魏末年司马氏专政和代魏的历史，可以弥补《三国志》的不足。在《晋书》列传中，保存的珍贵史料更多，足以反映两晋时期社会矛盾的全貌以及经济文化发展的情况。同时，列传中多载有原始的历史文献，如《禹贡地域图序》（卷三十五）、裴頠的《崇有论》（卷三十五）、刘寔的《崇让论》（卷四十一）等，对于说明晋代的社会风俗，都是极重要的文献。再比如五胡十六国这段历史，在《晋书》以前虽有《三十国春秋》、《十六国春秋》等著作，但原著久已失传，今天所能看到的，只是后人的辑本，因而研究这一段历史就不能不留意《晋书》三十载记。此外，唐以前虽有为数众多的晋史著作，但《晋书》取代这些著作后，大多都已失传，流传到今的全本几乎没有了，所以在保存史料方面，《晋书》无疑是有很大成就的。

《晋书》尽管有较完备的体例和充实的史料，但也有其不足之处。

　　首先值得注意的是《晋书》中所表现的孝道伦理和天命论思想。这还得从魏晋以来的政治、文化思想的变化说起。魏晋以来，由于政权更替频繁，儒教的伦理纲常，尤其是忠君思想，已被大大削弱了。孝道被统治者们死死抱住不放，当成维系其统治的重要手段，所以，从南北朝的各史开始，有关"孝义"、"孝行"或"孝友"的类传频频出现。到了唐朝，儒家学说逐渐居于正统思想地位。在总结前王得失与进行伦理说教两者之间，《晋书》的修撰者们更多地从后者着眼。因此，宣扬伦理纲常，用以"敦励风俗"，突出孝道，就成为修撰《晋书》的基本思想。这可以说《晋书》的指导思想有别于唐初所修其他各史的一大变化。在《晋书》中，不仅专门为"孝友"产传，就连其他列传也刻意突出孝道。书中所采的"孝悌名流"，有些被后世奉为"孝"的典范，列入"二十四孝图"，足见其影响之深远。另一方面，为了维系和神化皇权，《晋书》还注入了强列的天命论思想。监修房玄龄按照唐太宗的旨意，明确肯定"王者，必有天命"的命题。因此书中多采摘一些荒诞的神怪故事，"以广异闻"。如《成恭杜皇后传》写皇后少有姿色，长大了还没有牙齿，"帝采纳之日，一夜齿尽生。"《干宝传》说他父亲的一个婢女，幽闭墓中十多年，后来竟然又复苏、嫁人，并且还生儿育女。这种宣扬鬼神怪异，因果报应的文字，对于讲究客观真实的历史著作来说，是极其有害的。

《晋书》另一个值得注意的问题，是它的前后矛盾、疏漏脱落之处。由于是众手修书，参加的人的水平参差不齐，撰成后又未经精心通纂，因而书中存在一些前后矛盾，互不照应之处。至于书中关于人名、地名、官职、时间、地点的错误及前后不一之处，更是不胜枚举。

尽管有上述不当之处，但《晋书》毕竟是在广泛汲取前人成果和占有材料的基础上撰成的，应该说是成绩多于缺点，在我国古代史籍中是一部具有较高水平的史书。加上修撰者多为文学之士，魏晋以来以至唐初，盛行四六骈体文，修撰诸公辞藻华丽，"竞为绮艳"，这对于专门的史学著作讲究笃实的学风来说，固然是不相宜的，但对于一般读者，通过文白对照的形式，展现其中的部分篇什，不是既可以温习一点两晋史实，又可以欣赏到初唐学子的"绮艳"文风么?!

三

我们在这里提供一些有关两晋时期的政治、经济、民族、文化的背景知识可能对了解晋史会有一定帮助。

政治方面：两晋时期政治的一个突出的特点，就是门阀政治（又称贵族政治）。所谓"门阀政治"就是由世家大族把持朝政，出身低微的人是无缘进入官府的。本来，在西汉时期，由于跟随刘邦起事的多为出身低微之徒，后来当上了高官，形成了所谓的"布衣卿相之局"。东汉时期地方世家大族势力虽有所发展，但由于两汉时期采取由社会基层组织推举的"察举"和"征辟"的途径选拔官吏，一些出身寒门的人如果德才兼备还是可以入仕为官的。东汉末年的社会大动荡，摧毁了社会基层组织，原来的"察举"和"征辟"不能有效的进行，曹魏建立后，就实行"九品官人法"，依据人物的品行定为九等，作为选拔官吏的标准，"盖以论人才优劣，非为史世高差"。选至西晋，当权者司马氏本东汉中叶以来的世家大族，西晋政权所依靠的也是一些世家大族。此时虽继续采用"九品官人法"，但掌握评选标准却是世家大族，以致形成"上品无寒门、下品无士族"的局面。东晋偏安江东后，门阀政治更是发展到极致，且出现二大变化。其一是地方握有兵权的大族显要往往左右朝政，晋初的"王与马，共天下"就是很好的说明，其后的桓氏家族也是如此。其二是南北士族的结合。东晋所在的江东本是三国时吴国的地盘，与曹魏打击豪强，任人唯才不同，孙吴政权所依据的却是世家大族的势力，等到晋司马氏带领北方士族进入江东时，那里的士族力量已相当强盛，《晋书·王导传》上说："顾荣、贺循、纪瞻、周玘，皆南土之秀"。正是在南北世家大族的共同扶持下，东晋偏安政权才得以延续。门阀政治终东晋一世，直到刘裕取代东晋建立宋朝，门阀政治才算走到了历史的尽头。

两晋的门阀政治导致了许多社会现象和社会矛盾。首先，是统治阶级的奢侈和对门第观念的重视。门阀政治和门阀制度的形成，使得士族和寒门成为绝对不可逾越的两大阶层，士族子弟无论才智、品质如何，都可以做到高官，特殊的政治制度保证他们有特殊的社会地位从而也保证他们有优裕的生活，在这种优裕的生活中，统治阶层腐化了。如晋武帝的宫妾、妃子近万人，皇帝不知在哪家过夜为好，他经常乘着羊车，傍晚时分任羊行走，等到哪家门前停止不前进了，就在哪儿过夜。于是宫女在门前洒上盐水，逗引羊车在自家门前停留。皇帝如此，世家大族更是竞相淫奢。用人乳喂猪者有之，用麦芽糖洗锅者有之，用蜡烛烧火做饭者有之，真是"奢侈之费，甚于天灾"。

门阀制度保证了统治阶级的优越地位和奢侈生活，他们当然竭尽全力去保护它。于是两晋时期对门第观念尤为强调，不仅一切唯出身论，就连通婚、社会交往也要强调彼此的门第和族望。这也就进一步促进了家族观念和牒谱学的勃兴。在《晋书》中往往同一族的人物合为一传，这也是门阀制度的反映。

其次是门阀政治导致了社会矛盾，这种矛盾在东晋尤为明显。东晋立国之初，有北来士族与当地土著士族的矛盾，而在北来士族之间为了争夺中央统治权，也有种种矛盾斗争，这种矛盾斗争突出地表现在"荆、扬之争"上。东晋时期，以扬州为内户，荆州为外阃，扬州虽然是京畿一政治中枢所在；而长江中游的荆州又因为是防御北方的军事重镇，它的经济和军事力量，又常有控制下游的可能，镇守荆州的将领往往拥兵自重，威胁下游的扬州，企图争取最高统治权。而下游扬州的皇室在自身利益受到世家大族威胁时，也往往借助荆州的军事力量进行"清君侧"。这样，为争夺统治权的世族之间的矛盾又和中央与地方的矛盾交织在一起，因而就有了"王敦之乱"、"苏峻、祖约之乱"和桓温父子的专权，直到东晋灭亡。

两晋时期，民族关系是我国历史上少数民族空前活跃，民族矛盾空前激化，民族融合空前剧烈的时期。自秦汉以来，在我国北方就生活着为数众多的游牧民族，他们逐水草而居，行无定所，社会组织还处于原始社会、奴隶社会或由奴隶向封建社会的过渡阶段。三国鼎立，魏、蜀二国利用少数民族相互牵制、对抗，加上北方草原的旱灾的影响，北方的匈奴（胡）、羯、鲜卑、氐、羌等民族开始大规模地进入中原，西晋初年，进入内地的少数民族已达八百多万人。少数民族的迁徙又导致内地汉人的大规模的迁移，加上晋朝统治阶级的盘剥。因而形成了所谓"流民起义"，这在《晋书》中有很充分的记载。随着少数民族大规模的移入，力量也日益强大起来，经过"八王之乱"打击后的西晋王朝，经不起匈奴贵族刘曜、石勒等强大的军事势力的冲击，终于灭亡了。东晋时期，黄河流域已基本上控制在少数民族手中，并建立了为数众多的国家，这就是历史上的"十六国"。少数民族的移入，一方面摧毁了北方的经济，但更重要的，是他们在同汉文化的接触过程中，逐渐接受汉文化的熏陶，并逐渐融合在汉文化中。

另一方面，东晋王朝也不断地与北方少数政权发生冲突。在东晋历史上，曾出现多次北伐，著名的如"祖逖北伐"、"庾亮、庾翼北伐"、"桓温北伐"等。这些北伐的军事行动要么是准备不充分，要么是受到东晋统治集团的阻挠，最终没有取得成功，它从一个侧面反映了民族矛盾的激化。在南北军事对峙和军事冲突中，著名的如"淝水之战"，锻炼了一批杰出的军事将领，出现了一些典型战例，在军事史上写下了光辉的

15

篇章。

两晋时期民族关系另一个值得注意的趋势，是南方各民族的内迁，象西南的巴、蛮，东南方的山越，这些民族自东汉末年开始活跃，在两晋时期和汉人一起，共同促进了南方经济的开发。

两晋时期经济的发展有两个值得注意的倾向，一是生产关系的变化；一是南方经济的开发。

秦汉时期，主要是一家一户的自耕农经济，经过东汉末年和三国时期的社会大动荡，自耕农经济遭到很大破坏，萌发于西汉末年的庄园经济得到充分发展，并成为两晋时期农业经济的主要形式。在庄园之中，世家大族占有大量土地，建立庄园或别业，庄园之内不仅有种植业，还有种种手工业、制作业和加工业，以及川泽园林。一个庄园构成一个独立封闭的自给自足的经济体系，庄园里从事农业生产的为部曲佃客和奴隶，他们的人身依附关系进一步强化，部曲佃客相当于豪强世族的农奴。在西晋颁布的占田制中，规定按官品的高低占有田地、荫其亲属和占有佃客，从而为世家大族占有田地提供保证。不仅如此，地方豪强还兼并民田甚至官田，世家大族广占田地，建立别业（庄园），役使部曲佃客和奴隶，从而构成了门阀制度的经济基础。

两晋以前，我国的经济重心一直在北方黄河流域，孙吴时期南方经济虽得以开发，但比起曹魏来仍有所不及。东晋偏安江东，大量的北方流民也随之进入长江中下游地区，他们带来了先进的生产技术和大量的人力，从而促进了南方经济的大发展。

两晋时期思想文化方面的突出特征，就是清谈和玄学。清谈是崇尚虚无、空谈名理的一种风气。玄学是指对《老子》、《庄子》、《周易》这"三玄"的研究与解说。玄学是清谈的主要依据和内容，清谈是对玄学的阐述和表现方式。

然而两晋的清谈玄学既不同东汉，也不同于曹魏。曹魏时期清谈虽有转向玄虚的倾向，但象何晏、王弼、夏侯玄等人虽是清谈、玄学家，却仍以此为其政治服务。可是，当魏晋政权交替之时，曹氏和司马氏两个集团勾心斗角，愈演愈烈，许多热心政治的名士，相继被杀。于是，一些苟全禄位的大官僚大地主，以玄谈为事，完全流入玄虚之境。这样，清谈玄学成为高门大族有闲者的点缀，或虚饰夸诞，故作姿态；或故弄玄虚，钓名取禄。清谈玄学的这种变化，既有庄园经济作为世家大族的物质基础，又与门阀政治相表里，成为两晋时期社会上层的时髦风尚。不仅士大夫等士族官僚从事清谈，和尚也参加玄谈，如支道林、慧远等都是很有名的清谈家。

17

清谈玄学如果只是一般有闲阶级的点缀，倒也罢了，要紧的是两晋的一些主要当权者，不理政事，却以清谈为务。如东晋早期丞相王导，可说是一位清谈领袖。《世说新语》说他清谈时，只谈嵇康的《声无哀乐论》、《养生论》和欧阳坚石的《言尽意论》三篇的义理，而词锋无所不至。东晋另一名相谢安，少年时清谈还不佳，为此他特别请教过阮裕，但后来与支道林、许询、王濛等谈《庄子》时，却是词气潇洒，才峰秀逸，一座倾倒。又如琅琊大族王衍，也是不理政事，"妙善玄言，唯谈老庄为事"。直到被石勒杀死前，才醒悟过来，懊悔地说，假如以前不崇尚清谈玄学，全力匡救天下，何至于今日。空谈无补于实际。后人指责两晋时清谈误国。西晋既亡，东晋复不振，这也是一个重要原因。

政 略

卫瓘借酒吐真言

惠帝之为太子也，朝臣咸谓纯质，不能亲政事。瓘每欲陈启废之，而未敢发。后会宴陵云台，瓘托①醉，因跪帝床前曰："臣欲有所启。"帝曰："公所言何耶？"瓘欲言而止者三，因以手抚床曰："此座可惜！"帝意乃悟，因谬曰："公真大醉耶？"瓘于此不复有言。贾后由是怨瓘。

（《晋书·卫瓘传》）

【注释】

①托：假装

【译文】

晋惠帝司马衷作太子时，朝中大臣都认为他老实巴交，恐怕将来不能亲政。卫瓘每次都想在武帝面前开口请求废掉太子，却始终不敢开口。后来有一次武帝宴请朝臣于陵云台，卫瓘假

19

装喝醉了酒，便跪在武帝龙床前说："臣有事想启奏皇上。"武帝便问他道："您有什么事要上奏？"卫瓘欲言又止，如此再三之后用手抚摸着龙床说："此座可惜！"武帝心里明白了卫瓘的意思，却故意说："您真是喝得大醉了啊？"卫瓘自此以后再也不提废太子之事。贾后因此对卫瓘耿耿于怀。

御 人

崇尚虚浮　终致一死

（司马）越之讨苟晞也①，衍以太尉为太傅军司。及越薨，众共推为元帅。衍以贼寇锋起，惧不敢当。……俄而举军为石勒所破，勒呼王公，与之相见，问衍以晋故。衍为陈祸败之由，云计不在已。勒甚悦之，与语移日。衍自说少不豫事，欲求自免，因劝勒称尊号。勒怒曰："君名盖四海，身居重任，少壮登朝，至于白首，何得言不豫世事邪！破坏天下，正是君罪。"使左右扶出。谓其党与孔苌曰："吾行天下多矣，未尝见如此人，当可活不？"苌曰："彼晋之三公，必不为我尽力，又何足贵乎！"勒曰："要不可加以锋刃也。"使人夜排墙填杀之。衍将死，顾而言曰："呜呼！吾曹虽不如古人，向若不祖尚浮虚，勠力以匡天下，可不至今日。"

（《晋书·王衍传》）

21

【注释】

①"越之"句：晋怀帝因为司马越专权，又多违诏命，十分恼火，便于公元311年（永嘉五年）三月，下诏列数司马越的罪状，并以征东大将军、青州刺史苟晞为讨伐司马越的大将军。司马越与苟晞"竟为暴刻"，相互火并。

【译文】

司马越出兵讨伐苟晞，以太尉王衍为太傅军司。司马越死后，众人推举王衍为元帅。王衍因贼寇蜂起，内心恐惧，不敢就任。……不久，全军被石勒消灭，石勒称王衍为王公，并亲自接见了他，向他打听许多晋廷的旧事。王衍便为石勒陈述晋朝失败的缘由，并且说以前晋廷的大政方针不是出于他。石勒与他谈得十分投机，一直谈到太阳偏西。王衍还自我开脱，说自己自少时起就不参预政事，请求免罪，并劝石勒称帝。石勒大怒道："你的名声传扬四海，身居重位，年轻时就担任朝官，直至白发，怎么还说自己不参与政事呢！破坏天下，正是你的罪过！"说完便让左右的人把他扶出去。接着又问孔苌道："我行走江湖见到的人很多，却从未见到过像这样的人，还能让他留在世上吗？"孔苌回答说："王衍在晋廷位居三公，肯定不会替我们效力的，将这样的人杀了又有什么值得可惜的呢？"石勒说："请不要用刀子等兵器将他杀死。"于是，就在晚上让人推倒王衍等人所居住的房子，将他们活活压死。王衍临死前，环顾左右，叹息道："唉！我等虽不能和古人相比，倘若先前不是崇尚虚浮，热衷清谈，而共同努力来匡救天下，也不会落得今天的下场啊。"

法　制

陆云巧断命案

陆云巧断命案（陆云①）出补浚仪②令。县居都会之要，名为难理。云到官肃然，下不能欺，市无二价。人有见杀者，主名不立，云录其妻，而无所问。十许日遣出，密令人随后，谓曰："其去不出十里，当有男子候之与语，便缚来。"既而果然。问之具服。云："与此妻通，共杀其夫，闻妻得出，欲与语，惮近县，故远相要候。"于是一县称其神明。

（《晋书·陆云传》）

【注释】

　　①陆云：西晋文学家，字士龙，曾任清河内史等职。②浚仪：县名，在今河南省开封市。

【译文】

　　陆云离京出任浚仪县令。浚仪县地处通往京城的要道上，都说不易治理。陆云上任后，全县安定，下边的人骗不了他，

24

市场上物价统一。一次，有人被谋杀，凶手没有抓到，陆云就拘捕了被害人的妻子，但没有审讯她。过了十天，陆云释放了她，并暗中派人跟踪。陆云对去跟踪的人说："这女人离去，不超过十里地，就会有一个男人等候她，并与她说话，你就把这个男人抓来。"事情后来果然如此。一审问，那男人便认罪，说："我与此女通奸，一同杀害了她的丈夫。听说她被释放出来，我想与她说话，又不敢在离县城近的地方见她，便在远处迎候她。"于是，全县的人都称赞陆云断案如神。

刘暾不畏权臣

武库火，尚书郭彰率百人自卫而不救火，暾①正色诘之。彰怒曰："我能截君角②也。"暾勃然谓彰曰："君何敢恃宠作威自福，天子法寇而欲截角乎！"求纸笔奏之，彰伏不敢言，众人解释，乃止。彰久贵豪侈，每出辄从百余人。自此之后，务从简素。

（《晋书·刘暾传》）

【注释】

①暾：即刘暾，字长升，太康初年为博士，后任酸枣县令、侍御史等职。晋怀帝时，为羯人石勒之游骑所获，被杀害。②角：古代法官所戴法冠，作角形，状似獬豸（古代传说中的一种独角兽）首。

二十四史精编

【译文】

　　武器库失火后，尚书郭彰率领一百人作自我保护，而不去救火，侍御史刘暾严厉地斥问了他。郭彰恼怒地说："我可以削掉你帽子上的角！"刘暾听后大怒，对郭彰说："你怎敢仗着自己得宠作威作福，而把天子法官帽子上的角削掉！"刘暾要来纸和笔，准备将此事记下上奏朝廷，郭彰见后连忙趴在地上，不敢作声，经众人劝解说情，刘暾才作罢。郭彰长期过着显贵、豪奢的生活，每次外出，总有一百多人跟随其后。自此，郭彰在生活上就注重简朴从事了。

军　事

姚泓兵败

刘裕①进据郑城。泓②使姚裕、尚书庞统屯兵宫中，……姚丕守渭桥，胡翼度屯石积，姚赞屯霸东，泓军于逍遥园③。镇恶④夹渭进兵，破姚丕于渭桥。泓自逍遥园赴之，逼水地狭，因丕之败，遂相践而退。姚谌及前军姚烈、左卫姚宝安、散骑王帛、建武姚进、扬威姚蚝、尚书右丞孙玄皆死于阵，泓单马还宫。镇恶入平朔门，泓与姚裕等数百骑出奔于石桥。赞闻泓之败也，召将士告之，众皆以刀击地，攘袂大泣。胡翼度先与刘裕阴通，是日弃众奔裕。赞夜率诸军，将会泓于石桥，王师已固诸门，赞军不得入，众皆惊散。

泓计无所出，谋欲降于裕。其子佛念，年十一，谓泓曰："晋人将逞其欲，终必不全，愿自裁决。"泓怃然不答。佛念遂登宫墙自投而死。泓将妻子诣垒门而降。赞率宗室子弟百余人亦降于裕，裕尽杀之，余宗迁干汀南。送泓于建康市斩之，时年三十，在位二年。……

姚苌以孝武太元九年僭立，至泓三世，以安帝义熙十三年而灭，凡三十二年。

（《晋书·姚泓载记》）

【注释】

①刘裕：字德舆，小字寄奴，自幼贫穷，后为北府兵将领，曾从刘牢之镇压孙恩起义，后出兵灭南燕、后秦，元熙二年（公元420年）代晋称帝，国号宋。公元422年卒。②泓：即姚泓，字元子，十六国时后秦姚兴长子，是后秦的末代皇帝，他在位前后，国势迅速衰微，公元417年9月，刘裕率晋军攻入长安，姚泓出降，后被刘裕斩首于于建康。③逍遥园：地名，在当时长安城东部。④镇恶：即王镇恶，刘裕部将，时任龙骧将军。

【译文】

刘裕进据郑城。姚泓派姚裕、尚书庞统屯兵长安宫中，……又遣姚丕守渭桥、胡翼度驻石积，姚赞进驻灞东，姚泓自亲率兵把守逍遥园。王镇恶从两测率兵强渡渭水，大破姚丕于渭桥。姚泓急忙从逍遥园发兵支援，因临近水边，地方狭小，加上姚丕兵败，人马互相践踏，不战而败。姚谌及前军将军姚烈、左卫将军姚宝安、散骑常侍王帛、建武将军姚进、扬威将军姚蚝、尚书右丞孙玄都战死阵前，只有姚泓单人独骑返回宫殿。王镇恶率晋兵从长安北门平朔门攻入长安城，姚泓与事先奉命率兵戍守宫阙的姚裕带兵数百出逃到长安宫城北面的石桥。姚赞听说姚泓兵败，就把将士召集到一起，告诉他们这一不幸的消息，将士们听说以后，全都悲痛得以刀戳地，捋起袖子放声大哭，姚泓部将胡翼度事先已就与刘裕相勾结，这一天便脱离自己的军队投降了刘裕。姚赞便在夜间统帅诸路人马，准备在石桥与姚泓会合，可晋军已将长安外城各城门死死封住，姚赞军队无法进入，后秦兵士全都成了惊弓之鸟，四散奔逃。姚泓此时已是黔驴技穷，打算向刘裕投降。他的儿子佛念，当时只有十一岁，便对姚泓说道："晋军进城后必定会肆行其欲望，我们还是不能保全自己，不如自杀了好。"姚泓怃然不答。于是，佛念登上宫墙，然后跳了下去，自杀而死。姚泓带领妻子儿女到城门外投降刘裕。姚赞率领宗室其它子弟 100 多人也向刘裕投降，刘裕将他们全都杀掉，将其他的宗室迁往长江以南。将姚泓押送到建康斩首，当时年仅三十岁，在位只有两年。……

　　姚苌于孝武帝太元九年自立为帝，至姚泓已传三世，后秦最终于安帝义熙十三年被刘裕灭亡，总共 32 年。

草木皆兵

　　梁成①与其扬州刺史王显、弋阳太守王咏等率众五万，中干洛涧②，……晋龙骧将军刘牢之率劲卒五千，夜袭梁成垒，克之，斩成及王显、王咏等十将，士卒死者万五千。谢石③等以既败梁成，水陆继进。坚与苻融④登城而望王师，见部阵齐整，将士精锐，又北望八公山⑤上草木，皆类人形，顾谓融曰："此亦勍⑥敌也。何谓少乎？"怃然有惧色。

（《晋书·苻坚载记》）

【注释】

①梁成：十六国时前秦将领。②洛涧：淮河支流，在今安徽省寿县东。③谢石：东晋将领，字石奴，东晋名臣谢安之弟。④坚与苻融：坚，指苻坚（公元338—385年），十六国时前秦皇帝。苻融（公元？—383年），十六国时前秦将领，字博休，时任征南大将军。⑤八公山：在今安徽省寿县西北。⑥勍（qíng）：强劲有力。

【译文】

梁成与前秦扬州刺史王显、弋阳太守王咏等人率领五万人的军队，驻扎在洛涧。……东晋龙骧将军刘牢之率领五千名强健的士兵，夜袭梁成的营垒，将其攻克，斩杀了梁成及王显、王咏等十名将领，前秦的士兵死了1.5万人。谢石等人趁打败梁成之机，从水陆两路分兵随后进击。苻坚和苻融登上城楼了望晋军，看见晋军兵阵整齐，将帅与士兵都很强悍，又从北面望见八公山上的草木都很像人的形状，苻坚于是回过头来对苻融说："这些敌人都很强大啊！怎么能说晋军没有人马呢？"苻坚的神情茫然而恐惧。

风声鹤唳

（晋秦）决战肥水①南，坚②中流矢，临阵斩融③。坚众奔溃，自相蹈藉投水死者不可胜计，肥水为之不流。余众弃甲宵遁，闻风声鹤唳，皆以为王师已至，草行露宿，重以饥冻，死者十七八。

（《晋书·谢玄传》）

【注释】

①肥水：亦作"淝水"，水名，源出安徽合肥西北。近人调查证实，东晋太元八年（公元383年）谢玄等败前秦苻坚于肥水，所指即今安徽寿县城附近东肥河段。②坚：即苻坚（公元338—385年），十六国时前秦皇帝。③融：即苻融，十六国时前秦将领，字博休，时任征南大将军。

【译文】

东晋和前秦的军队在淝水的南面展开决战。苻坚身中流箭，苻融被杀。苻坚的军队溃败逃命，自相践踏与落水而死的人不计其数，淝水也因死者堵塞而断流。残杀的人都丢弃兵甲，连夜逃跑，听到刮风的声音和鹤的鸣叫声，都以为是晋军追了来，他们在草丛中奔走，在野外歇息，加上又饿又冻，有十分之七八的人死了。

理　财

刘实崇俭

　　刘实字子真，平原高唐①人也。……实少贫苦，卖牛衣②以自给。然好学，手约绳，口诵书，博通古今。清身洁己，行无瑕玷。……及位望通显，每崇俭素，不尚华丽。尝诣石崇家，如厕，见有绛纹帐，裀褥甚丽，两婢持香囊。实便退，笑谓崇曰："误入卿内。"崇曰："是厕耳。"实曰："贫士未尝得此。"乃更如他厕。

（《晋书·刘实传》）

【注释】

　　①高唐：今山东高唐县。②牛衣：给牛御寒的覆盖物。

【译文】

　　刘实字子真，平原郡高唐县人。……幼年时十分贫苦，靠卖牛衣养家糊口。但他酷爱学习，手上牵着牛绳，口中背诵诗文，博古通今。洁身自好，品行端庄。……及至后来身居高位，咸望尊崇，仍然还是崇尚节俭素朴，不追求奢侈华靡。曾有一次造访石崇家，中间上厕所，看见厕所里面挂着红色的花帐子，床垫、被褥都很华丽，两个婢女还手拿香囊。刘实便退了出来，笑着对石崇说："不好意思，我错进了您的内室。"石崇道："那就是厕所。"刘实一听马上说："我是个清贫之士，从未见过这样的厕所。"说完之后，又改上其它厕所。

慕容超亡国

……超登天门①，朝群臣于城上，杀马以飨将士，……超幸姬魏夫人从超登城，见王师之盛，握超手而相对泣。韩谔谏曰："陛下……正是勉强之秋，而反对女子悲泣，何其鄙也！"超拭目谢之。其尚书令董锐劝其出降，超大怒，系之于狱。于是贺敕卢、公孙五楼为地道出战王师，不利。河间人玄文说裕曰："……若塞五龙口，城必自陷。……今旧基犹在，可塞之。"裕从其言。至是，城中男女患脚弱病者大半。……超叹曰："废兴，命也。吾宁奋剑决死，不能衔璧求生。"于是张纲②为裕造冲车，……城上火石弓矢无所施用；又为飞楼、悬梯、木幔③之属，遥临城上。超大怒，悬其母而支解④之。城中出降者相继。裕四面进攻，杀伤甚众，悦寿⑤遂开门以纳王师。超与左右数十骑出亡，为裕军所执。裕数之以不降之罪，超神色自若，一无所言，惟以母托刘敬宣而已。送建康市斩之，时年二十六，在位六年。

（《晋书·慕容超载记》）

【注释】

①"超登"句：超，即慕容超，是南燕献武皇帝慕容德的侄子，即慕容德之兄北海王慕容纳的儿子。因慕容德无子，他被立为太子并得以继承南燕帝位。天门，指帝王宫殿的门。②张纲：是投降刘裕的南燕巧匠。③木幔：一种装有木板作掩护的攻城车。④支解：一种古代刑罚。"支解"就是割解人的四肢。⑤悦寿：是当时南燕朝中的尚书。

【译文】

……慕容超登上宫殿门楼，在城楼之上朝见朝中大臣，并杀掉战马让将士饱饱地吃上一餐饭，……慕容超的宠姬魏夫人也跟随他一块登上城楼，看到晋廷王师人马之盛，便握住慕容超的手相对哭泣。大臣韩谔劝谏说："陛下……目前正是发奋尽力的时候，却对着女人悲啼，多么让人瞧不起啊！"慕容超听后擦干眼泪，立即道歉。南燕的尚书令董锐劝慕容超出城投降，慕容超很生气，便将他投进监狱。正当此时，南燕将领贺敕卢、公孙五楼挖掘地道准备出城袭击晋军，没能成功。河间人玄文向刘裕建议道："……如果堵塞住五龙口，广固城（时为南燕都城，在今山东青州西北）就会不攻自破。……现在五龙口的旧基仍在，可以将它堵塞起来。"刘裕采纳了这一建议。恰巧，广固城内的军民一大半患有脚病，……慕容超叹息道："是废是兴，命中早已注定。我宁愿挺剑战死，也不会向人捧璧求生。"这时候，投降于刘裕的南燕巧匠张纲为刘裕建造攻城之车，……有了这种攻城之车，广固城上的火石、弓矢全都失去了用武之地；张纲还设计建造了飞楼、悬梯、木幔这样的攻城的战具，站在这些战具上面老远就能看到城上的一举一动。慕容超大为恼火，便把张纲的母亲吊将起来，然后割解她的四肢。这时从城内出来投降刘裕的人络绎不绝。刘裕从四面向广固城发动进攻，南燕兵士死伤很多，慕容超的尚书悦寿打开城门放进晋军，慕容超与手下几十人仓皇出逃，被刘裕的士兵捉住。刘裕列举了他顽固不降的罪状，慕容超却神色自若，默不作声，只是将自己的老母托付给刘敬宣照料而已。刘裕将慕容超押解到建康斩首，当时他只有 26 岁，在位 6 年。

德　操

桓冲厚报羊主

彝①亡后，冲②兄弟并少，家贫，母患，须羊以解，无由得之，温③乃以冲为质。羊主甚富，言不欲为质，幸为养买德郎，买德郎。冲小字也。及冲为江州④，出射，羊主于堂边看，冲识之，谓曰："我买德也。"遂厚报之。

（《晋书·桓彝传》）

【注释】

①彝：即桓彝，东晋大臣。②冲：即桓冲，桓彝之子，桓温之弟，东晋将领。③温：即桓温，东晋大臣，字元子，明帝之婿，任过荆州刺史等职，曾专擅朝政。④江州：州名，治所在今湖北省黄梅县西南。桓冲任过江州刺史一职。

【译文】

桓彝死后，桓冲的兄弟们年龄都很小，家境贫穷。他的母亲病了，治疗要用到羊子，可又没办法得到。桓温便以桓冲作抵押向人换取羊子。一个养有羊子的人家里十分富裕，他说不想要桓冲作抵押，并希望帮助抚养买德郎。买德郎，是桓冲的小字。桓冲做了江州刺史后，一次外出射猎，那个养羊人在堂屋旁边观看，桓冲认出了他，并对他说："我就是买德郎呀!"因此对他厚相报答。

外坦内淳

籍①嫂尝归宁，籍相见与别。或讥之，籍曰："礼岂为我设邪?"邻家少妇有美色，当垆②沽酒。籍尝诣饮，醉，便卧其侧。籍既不自嫌，其夫察之，亦不疑也。兵家③女有才色，未嫁而死，籍不识其父兄，径往哭之，尽哀而还。其外坦荡而内淳至，皆此类也。

(《晋书·阮籍传》)

【注释】

①籍：即阮籍，魏晋时著名诗人，字嗣宗。②当垆：古时卖酒者积土为垆，以安放酒坛，卖酒时坐于垆边，称当垆。③兵家：指专门服兵役的世家，其地位较低。

【译文】

阮籍的嫂子要回娘家探望，阮籍前去与她告别。有人嘲笑他违背礼教，他说："礼教岂是为我制定的！"他的邻居家有个少妇长得极漂亮，在酒店里做卖酒的生意。阮籍时常到这个少妇那里喝酒，喝醉了就躺在少妇身旁睡起来。阮籍对自己的行为满不在乎，而那少妇的丈夫了解他的为人，对他也不疑忌。有一户专服兵役的人家有个才貌双全的女儿，没出嫁就死了。阮籍也不认识她的父亲和兄长，便直接去她家哭丧，尽情地表达自己的悲哀后才离去。阮籍外表放达而内心至为淳朴，都从这类事情中表现出来。

传世故事

贾后一石两鸟

晋太熙元年（290），晋武帝司马炎去世，他的儿子司马衷即位，是为晋惠帝。惠帝立妃贾南风为皇后。这位嫉妒成性、残忍凶暴的皇后自惠帝为太子时，就已把他摆弄得言听计从。

晋武帝活着时，很多大臣都说太子有些糊涂，很难亲理政事。太子少傅卫瓘（guàn）好几次想建议武帝废掉太子，但心存顾忌，始终未说出口。后来武帝于陵云台宴请朝臣时，卫瓘便装着喝醉的样子，跪在武帝床前说道："臣想有所禀奏。"武帝问道："你想说什么？"卫瓘欲言又止，反复了三次后，就用手抚摸着床道："这个座位很可惜。"武帝明白他话中有话，却故意打岔道："你喝醉了。"连太子的师傅都不维护太子，武帝自然也对儿子的才干智力产生了怀疑。于是，他决定考查一下儿子。一次，他把太子东宫的官员都集合在一起，赐以酒宴。另外却把一封密封的案件交与儿子处理。太子看后，不知如何决断，贾后大为紧张，赶忙请外人替太子草就了处置的奏章，其中引用了不少古代文献。一旁的侍从张泓看到这种情况，提

40

醒贾后道："太子平素从不读书学习，奏章引用古代文献，陛下肯定生疑，从而以作伪之罪责怪太子。不如就事论事，怎么想就怎么说。"贾后大喜说："请你代笔起草奏章，他日富贵与你共享。"张泓素有小才，很快草成，又叫太子抄写好，回奏给武帝。武帝一看，奏章写得头头是道，非常高兴，才没有废掉太子。贾后从此对卫瓘怀恨在心。

惠帝即位后，太子太傅汝南王司马亮任太宰，太子少傅卫瓘为太保，两人都受赐"剑履上殿，入朝不趋"，共同把持了朝政。司马亮是惠帝祖父司马昭的四弟，辈分既高，权势又重，贾后对他非常顾忌。她觉得智力低下的惠帝已是自己的傀儡，但要真正掌握生杀予夺的大权，还必须除掉自己顾忌和仇恨的太宰、太保。不过，明目张胆地诛杀重臣会引起麻烦，于是，她开始物色司马亮和卫瓘的对头，意欲假他人之手达到自己的目的。

惠帝的五弟楚王司马玮功勋卓著，性格凶狠，爱作威作福，朝臣对他都害怕几分。那时，他奉诏入京诛杀了权臣杨骏之后，正屯兵于司马门。司马亮为削夺他的兵权，奏请惠帝命令诸侯王都返回藩国，卫瓘也积极赞同司马亮的建议，司马玮因此特别憎恨他们两人。贾后见司马玮可以利用，便在惠帝面前诬陷司马亮和卫瓘图谋废立，指使他亲手写下罢免他们的诏书，连夜派人送给楚王司马玮，命他遵旨执行。司马玮一见密诏，正中心意，随即调动军队，逮捕了司马亮、卫瓘等。而且，他还假公济私，乘机矫诏杀害了他们。

天亮时，贾后知司马玮必杀司马亮、卫瓘，便又唆使惠帝采取张华之计，派人带兵以矫诏杀人的罪名逮捕了他，并且处以死刑。司马玮临刑时，从怀中拿出惠帝的亲笔诏书，悲愤地向监刑尚书刘颂说道："我受诏行事，以为是在为社稷尽忠，可如今却说我犯下大罪。我是先帝的子息，竟然蒙受如此不白之冤，希望您以后能为我申述。"刘颂虽然同情他，但也不敢不依旨行刑。司马玮被杀时才二十一岁，他哪里知道"贾后先恶瓘、亮，又忌玮，故以计相次诛之"。贾后一箭双雕，铲除了她独揽朝权的障碍。

（《晋书·后妃传》等）

晋明帝除霸

晋明帝司马绍是晋元帝的长子，从小就聪明，曾经巧妙回答"日与长安孰远"的问题而名传千古。永昌元年（322），元帝死，他继承了帝位。

明帝即位前后，形势极混乱，晋室衰微，朝政兵权都操持在王敦手中。就在元帝死前的几个月，王敦以清君侧为名，反于武昌，率大军洗劫了石头城。在逼迫元帝封他为丞相、江州牧、武昌郡公后，他才还兵武昌。明帝即位时，王敦又暗示朝廷征召自己，明帝只好亲笔写诏，任他为司空、扬州牧，率军移驻姑孰。王敦见明帝好欺侮，就愈加骄横无忌。四方进贡的物品大都被他据为己有，各级官吏几乎全都是他的手下。他还把自己的哥哥王含、堂弟王舒、王彬、王邃等都安插在执掌兵权的要职上，并且重用沈充、钱凤为自己的谋臣。这些人相互勾结，成为晋室的最大威胁。

明帝自当太子时就险些被王敦废掉，因此心中早有除掉这个权臣的念头，只是群臣都阿附王敦，王敦的兵力又强于自己，所以他不敢轻举妄动。太宁二年（324），王敦身患重病。明帝得知消息不禁暗喜，便不断派人以探病为由前去察看王敦的虚实。而且，他自己还换上便衣，偷着去侦察王敦的营垒。但在表面上，他还是不动声色，以提拔王敦兄王含父子的职务来迷惑王敦。王敦不知明帝的真意，就任温峤为丹阳尹，让他乘上任之机，打探一下朝廷的动静。怎曾想温峤正是明帝的亲信，一到建康，温峤便向明帝述说了王敦的阴谋。

原来王敦在病榻上为手下谋划了三条计策：其一为"归身朝廷，保全门户"，其二为"退还武昌，收兵自守"，其三为"悉众而下，万一侥幸"。而王敦的党羽钱凤等都倾向于铤而走险、聚众谋反的第三条计策。明帝觉得这正是讨伐王敦的把柄，便决定兴师问罪。考虑到不少人畏惧王敦，明帝就声称王敦已经死去，下诏历数王敦的罪恶，亲率六军进攻王敦。

明帝进兵时，把矛头专门指向王敦的谋主钱凤，借以分化王军。他在诏书中说道："诛讨钱凤的罪行，唯其一人是问，我决不滥施刑罚。有能杀死钱凤送上其首级者，封为五千户侯，赏五千匹布。"对于王敦的得力干将冠军将军邓岳和前将军周抚等，明帝故作体谅地说他们本无异志，实为王敦所逼，"我正要委任他们以要职，其余文臣武将为王敦所用者，我概不予追究责任"。为瓦解王军的斗志，明帝还在诏书中说道："王敦的将士追随他多年，久怀怨恨之心。有的人父母亡故或妻儿死去，都不准返乡赴丧，对此我深感哀怜。独生子在军中者，准其还归家园，终生不再从军；其余的将士，一律放假三年。"

明帝的分化瓦解策略果然收到了效果，王敦的军队"情离众泪，锋摧势挫"，先后被王导、苏峻等击败，王敦病死，钱凤为周光所斩，沈充被吴儒所杀。"明帝大获全胜后，有的官员建议对王敦"剖棺戮尸，以彰元恶"，于是明帝命人掘开王敦坟墓，焚烧其衣冠，令尸体跪而受刑，其首级被高悬示众。晋明帝"运龙韬于掌握，起天旆（pèi）于江靡"，"以弱制强，潜谋独断"，"拨乱反正，张本弱枝，虽享国日浅，而规模弘远矣"。

（《晋书·明帝纪》、《晋书·王敦等传》）

石勒纳谏

晋咸和五年（330），后赵的天王石勒即位称帝，并把国都由襄国迁往临漳。接着，石勒又派荆州监军郭敬、南蛮校尉董幼攻占了襄阳，派河东王石生击败了反叛的休屠王羌。一时间，石勒名震天下。周围的邦国异族如高句丽、肃慎、鲜卑、高昌、于阗、鄯善、大宛等都纷纷向他进贡送礼，就连晋帝的荆州牧陶侃也派人呈献上江南的珍宝奇兽。石勒感到踌躇满志，不断宽刑赦罪，赏赐群臣。

石勒本为匈奴别部的后裔，屡遭汉人的白眼，加之又曾被人掠卖为奴，受尽坎坷。如今当上了皇帝，不免要体验一下天子的荣华，享受一下帝王的富贵。于是，他降下旨意，让臣下负责营建一座富丽堂皇的邺宫。廷尉续咸听到石勒要大兴土木，觉得有失天子节俭治国之道，便上书切谏。正在兴头上的石勒猛地被人浇了一盆冷水，勃然大怒骂道："不杀掉这个老家伙，我的宫殿就修不起来！"就吩咐御史把续咸抓进了监狱，准备开刀问斩。

中书令徐光见状，连忙劝石勒道："陛下天资聪颖，远远超过了唐尧虞舜。然而，如今连忠臣的良言都听不进去，难道陛下想作夏桀商纣那样的君主吗？臣子的进言，可以采纳实行的，就采纳实行；不能采纳实行的，也理当加以容忍。怎么能因为人家的几句直言，就随便杀死人家呢？"这番话使石勒恢复了理智，他察觉到自己的做法会造成堵塞言路、挫伤贤臣的后果；但是，宫殿不修，他又不甘心。权衡利弊之后，他暂时决定停建邺宫，立即释放续咸，并且给以表彰。想到自己这个皇帝当得真有点受气，连修个宫殿都要受人阻拦，他便对徐光叹道："我身为君主，如此不能当家作主！先前续咸的上书，我怎会不知是金玉良言？我不过是同他开个玩笑罢了。但是，普通人家里有些积蓄，还想另置宅第，更何况我富有天下、身为万乘之尊了。我最终还是要营建邺宫的，不过现在可以下令停建，以成就我正直臣子的名气。"于是，石勒降旨停建邺宫，又赏赐给续咸一百匹绢、一百斛⼋，造成从臣认为续咸因谏得赏而天子从谏如流的印象。之后，石勒又诏命公卿百官每年推荐贤良、方正、直言、秀异、至孝、廉清等各一人。所荐人士在回答策问时，成绩上等者授任议郎；中等者授任郎；下等者授任郎中。被举荐的人士也可递相引荐其他的人才。此举为广招贤人打开了通路。

（《晋书·后赵·石勒载记》）

刘舆因才受重用

刘舆字庆孙，俊明有才，在西晋时期以才闻名，与其兄刘琨（字越石）同为时人称赞。当时京都有谚云："洛中奕奕，庆孙、越石。"

晋惠帝时，"八王之乱"，司马氏兄弟之间互相残杀，东海王司马越和范阳王司马虓起兵时，任刘舆为颍川太守。到河间献王司马颙用刘乔在许昌讨伐司马虓时，他们假借皇帝名义发布诏书说："颍川太守刘舆迫胁范阳王司马虓，距逆诏命，多树私党，擅权劫持各郡县，合聚兵众。刘舆兄弟过去因为与赵王司马伦有姻亲关系，擅弄权势，凶狡无道，早就该伏诛，只因遇到赦令才得以保留性命。小人无忌，作恶日多，竟用苟晞攻袭兖州，断截王命。镇南大将军刘弘，平南将军、彭城王司马释，征东大将军刘准，当各统所领兵部，直接会师许昌，与刘乔并力共讨。另外派遣右将军张方为大都督，督建威将军吕朗、阳平太守刁默，率步骑十万，同会许昌，以讨除刘舆兄弟。敢有举兵违抗王命的，诛及五族。能杀死刘舆兄弟并呈送首级者，封三千户县侯，赐绢五千匹。"

司马虓兵败，刘舆与他一起逃奔河北。司马虓镇守邺城，任刘舆为征虏将军，做魏郡太守。

司马虓死后，东海王司马越准备召用刘舆，有人说："刘舆就像油污，当你接近之后很容易弄脏。"刘舆来了之后，司马越便心存疑忌地任用他。而刘舆一入越王府便暗地里察看了天下的兵簿和仓库、牛马、器械以及水陆地形，都默记在心。那时军国事务繁多，每次开会时遇到问题，除潘滔以外都对答不上来。刘舆见了东海王后，应答辨明，筹划清晰，东海王司马越侧身与他筹措共议。不久司马越便任命他为左长史。司马越后来又任刘舆为上佐，宾客满筵，文案堆积，远近信札报记每天都有数千，刘舆终日不倦，有时甚至连夜劳作。这样人人欢畅，没有不佩服的。刘舆命事议政侃侃而谈，酬对彬彬有礼，当时人都称服他的才能，把他比作陈遵。那时人称司马越府中有三才：潘滔大才，刘舆长才，裴邈清才。司马越诛杀缪播、王延等，都是刘舆出谋定计。

司马非常越重用刘舆。王延被诛后，延妾荆氏有一个乐妓，王延还未入殓刘舆就要聘娶她，还未迎娶，又被太傅从事中郎王俊争夺去了。御史中丞傅宣上书劾奏，司马越不追问刘舆，而免了王俊的官。刘舆接着建议司马越派遣他的兄长刘琨镇守并州，为司马越的北面屏障。洛阳还未攻破，刘舆就因手指生疮而死，时年四十七岁。死后司马越追赠他为骠骑将军，因有功而封定襄侯。

（《晋书·刘舆传》）

桓温与殷浩之争

桓温字元子，宜城太守桓彝的儿子。桓彝为人害死，泾县令江播曾参与其事。桓温时年十五，便枕戈泣血，发誓为父报仇。他十八岁时江播已死，桓温便在丧仪上杀死了江播的两个儿子，此事为人们拍手称快。

桓温后娶南康长公主，被晋王室拜为驸马都尉，世袭万宁男的爵位，后任琅邪太守，转为徐州刺史。桓温与庾翼关系友善，曾向庾申言自己平定中原的大志，庾翼便向晋明帝推荐桓温道：“桓温年少但有雄才大略，希望陛下不要把他当作常人对待，应当储备人才培养他，给他以重任，将来就靠他建立伟业。”庾翼死后，朝廷任命桓温假节总理荆、梁四州的军事，任安西将军、荆州刺史，并领护南弯校尉，权力渐重。

晋穆帝永和二年（346），桓温率众西伐入蜀，出人意料地取得大胜。后又出兵北伐，收复洛阳。朝廷看到桓温权势过重，兵众过多，开始有所担心。晋简文帝看到殷浩素有盛名，朝野推服，于是就把殷浩引为心腹栋梁，依靠殷浩的实力来钳制、抗衡桓温。这样，桓温便与殷浩二人相互疑忌、防范起来。

殷浩年少时与桓温齐名，两人常在心中暗地竞争。桓温有一次曾对殷浩问道："君怎么比得上我？"殷浩说："我与君周旋的时间太长了，宁愿让君居我之上。"桓温常以雄豪自许，多次轻视殷浩，殷浩并不害怕他。桓温得势后，曾对人说："年少时我与殷浩同骑竹马，我骑了以后丢下的殷浩就拿去骑，他本来就在我之下。"又曾对郗超说："殷浩的道德文章都不错，假如用他做宰相，完全可以总理政务，把握百官，现在朝廷没有使用他的长处。"

朝廷任用殷浩为建武将军、扬州刺史，参与朝政，另图北上军事。永和七年（351）后赵灭亡，朝廷准备北伐关中、河北，任殷浩为中军将军、假节，总督扬、豫、徐、兖、青五州军事。殷浩受命后，以光复中原为己任，上疏北征许、洛。同时他也任命一些文才武将，任淮南太守陈逵和兖州刺史蔡裔为前锋，安西将军谢尚和北中郎将荀羡为督统。但是，次年在许昌为前秦所败，第二年又在山桑（今安徽蒙城北）遭到姚襄的伏击，全军大败。

这时候，桓温也拥兵北征。当他知道朝廷依靠殷浩等人来钳制自己之后，非常气愤，但由于他与殷浩平时相互了解，因此也不怕殷浩。桓温与朝廷相持了许多年，虽然名义上是君臣，实际上也只是松散的羁縻关系而已，长江上游八州的资用征敛，都没有上交朝廷。后来，桓温以出兵北伐为借口，带领四五万强兵顺江而下，进驻武昌，直接威胁下游南京，朝中一片恐慌。简文帝当时做抚军，便写信给桓温申明社稷大计，质问桓温的意图究竟何在。桓温上书抱怨朝中对他妄生疑忌，外敌当前而内忧于后，担心朝廷皇上中了奸人的反间之计，力陈自己为国家社稷的忠心，一再声称自己进军武昌是为了北伐。朝廷又进封他为太尉，桓温坚决推辞不受。

此时，殷浩北伐屡战屡败，耗资巨大，引起朝野一片怨言，桓温就上书说殷浩"受专征之重，无雪耻之志，坐自封植，妄生风尘，遂使寇仇稽诛，奸逆并起，华夏鼎沸，黎元殄悴"，历数殷浩兵败误国的罪行，请求朝廷"且宜遐弃，摈之荒裔"。

于是朝廷将殷浩废为庶人，徙居东阳的信安县。从此，朝廷内外军政大权都被桓温专断。

（《晋书·殷浩传》、《晋书·桓温传》）

孔严太守宽宥王谈

东晋废帝太和年间，有个青年农民王谈，刚十岁时，父亲就被邻人窦度无端杀害。幼小的王谈，悲痛之余立下志向，要不惜一切代价为父报仇。可窦度在当地也算是一个强人，由于欠下命债，他也时刻保持着警惕。王谈幼小，势孤力弱，他的打算惟恐引起仇人怀疑，家里从来不敢购置武器，平日身上连一寸小刀也不携带。他就是这样很有心计地暗中准备，等待时机；不到有把握的时候，他决不轻举妄动。

八年过去了，王谈已长成一个壮壮实实的十八岁的小伙子。他悄悄买了一把制作精良、锋利无比的铁锸。一个种田的农民时常带着铁锸下地干活，这是十分自然的事，别人也没有特别

留意。他早就熟知窦度出门经常坐船，而村东的大桥下是必经
之地。他想，这地方比较偏僻，行人稀少，桥离水面不高，倘
若趁仇人的小船通过桥洞之时，自己伏在桥上行事，居高临下，
比较容易成功。他决定就这么干。

一天，他计算窦度快要回来之时，就躲进小河边的草丛中。
远远果然望见窦度的船划过来了，他迅速跃上桥去，待船头刚
一露出桥洞，瞄准窦度的头部，用尽平生力气将锸劈下，不偏
不倚正中头顶。窦度几乎连喊叫都未出口，就倒在血泊之中，
即刻毙命。

筹划八年，等待八年，大仇得报，王谈心中郁积多年的恶
气出尽，他丝毫没有恐惧之感，如释重负般地拿着凶器，径直
前往县城投案自首。

当时的吴兴太守孔严，出身会稽郡的名门望族，善于治理
地方，颇得士民称颂。他管理百姓，尤其重视表彰忠孝。如余
杭有个妇人，在大饥荒之年，卖掉自己的儿子，以养活丈夫的
哥哥的儿子。又如武康有兄弟二人，妻子都怀有身孕，弟弟远
行尚未回家，本地遭逢荒年，势必不能保全两个孩子，兄嫂就
抛弃自己的儿子而养活弟弟的儿子。孔太守对这类舍己为人的
精神，都全力提倡和加以表扬。当王谈报仇杀人的案子送到郡
里以后，孔太守审问几次，就被王谈小小年纪，立志复仇，苦
待八年，终于成功的事迹感动了。他以为王谈不仅不是杀人凶
犯，而是一个尊亲孝勇的血性君子。他即刻将王谈的孝勇事迹
上报朝廷，为他请求宽宥，并得到了允准。

王谈对于孔严太守的宽宥和表彰，也深受感激。不久，孔严因病辞官回籍，病逝。他的三个儿子也在孙恩之乱中被杀。这时，王谈不忘旧恩，他移居会稽，为孔严父子修理坟墓，尽心尽力，当时人都盛赞他的高义。后来的吴兴太守孔廞，根据王谈的孝义行为，举他为孝廉。

（《晋书·孝友传》）

范坚维护国家法制

东晋成帝时，朝廷执掌司法的廷尉奏道，殿中有个长史叫邵广，盗窃了公库里的帐幔三张，约合布三十匹。被查获后，经法司审理，以为应当处以极刑。

邵广有两个儿子，大的叫邵宗，十三岁；小的叫邵云，十一岁。这两个孩子十分孝顺，不忍父亲被杀，就手举黄幡，到朝堂击响"登闻鼓"，向官府乞求法外开恩，宁愿自己没身为小官奴，以赎取父亲的活命。

两个孩子的请求能否准允呢？政府官员进行了讨论。尚书郎朱暎认为，天下作父母的，有儿子的多，没有儿子的少，倘若这种替父顶罪的办法行开了，逐渐就会成为惯例或制度。如此一来，一些人犯了罪，又恐怕承受死刑的惩处，都让儿子去顶罪赎命，那么，国家的法制不就废弛了吗？牺牲了孩子，犯罪现象也制止不了，不能开这样一个门路。尚书右丞范坚，赞同朱暎的议论。

可是主持这一案件审理的部门，最后还是提出，将邵广判为钳徒（以铁束颈而为徒隶的囚犯），两个儿子没入官中，这样既足以惩治罪犯，又能使百姓明白父子间的天伦关系，知道圣朝提倡仁孝、施恩于孝。因此，可以作为特例，将邵广的死罪减为五岁刑，两个儿子交付奚官为奴，可这种办法不作为可以援用的先例和永久制度。

范坚上疏反驳这种主张，他说："自从远古淳朴的民风消失以后，就产生了刑罚惩治的制度。刑罚的使用，不止是为了惩罚，而是为了少用甚至不用刑罚；死刑的判处，不止是为了杀人，而更重要的是为了少用甚至不用死刑。尽管国家有时也下令施恩赦罪，宽大处理，据情议狱，减缓死刑，可却没有因为一点小小的恻隐之心，就轻易取消典刑的。而且，这次既然允许了邵宗、邵云的请求，宽免了他们父亲的死刑，倘若以后出现与此类似的情况，但儿子没有提出舍己赎父要求的，这将置他们于何地呢？他们岂不会被人们视为没有人伦孝顺之心的禽兽了吗？主持这一案件的官员说，他们的主张是特意允许邵宗、邵云的请求，而不将这一处理办法订为永久制度。臣以为国家的方针制度，关系重大，些小之事尚且要谨慎对待，何况是国家法制，这是不能率易行事的。现在之所以宽宥邵广，是由于他的儿子的孝心感人，可是天下人都有爱父爱母之心，谁又比邵宗、邵云差呢？今天你既然允准了邵家兄弟的请求，倘若将来有人继起仿效，你准不准呢？难道后继者就不是陛下的百姓吗？难道他们就没有孝顺父母的诚心吗？所以，所谓'特意允许'之说，不会有什么益处；而'下不为例'必然会引起无穷的怨忿。这一处理办法，臣以为是施舍一个小小的恩典于今天，却留下千千万万的怨忿于以后，实在不可取。"成帝最终听从了范坚的意见，断然处死了邵广。

（《晋书·范汪传》）

骄兵必败

公元311年，汉昭武帝刘聪虏西晋怀帝，五年后，即316年，刘聪又攻破西晋都城长安，俘晋愍帝，西晋遂亡。

西晋虽亡，而西晋丞相、大都督中外诸军事、琅琊大司马睿却在建康称晋王，改元建武，大有号召天下恢复中原之势。

西晋灭亡的第二年，即东晋建武元年、汉麟嘉二年（317），刘聪为了剿灭北方晋之残余势力，乃派其从弟刘畅率兵三万进攻荥阳，消灭屯驻于此的晋冠军将军、荥阳太守兼领河东平阳太守李矩之军。

时李矩军屯于韩王故垒。当李矩获知汉军来攻的消息后，汉军距晋军仅有七里之遥，顿时晋军上下惶惶不可终日。

刘畅自恃人多势众，来势凶猛，乃先遣使至晋营招降。

大敌当前，若负隅顽抗，晋军无疑是死路一条。至于李矩部众人数，史无明载，不过，推测一下，充其量不超过万人。正因为力量悬殊，因此，尚未交战，汉军已骄横不可一世，而晋军则闻敌色变。李矩审时度势，遂隆重接待汉之使者，表示愿意归降。

在此危急时刻，必须先稳住刘畅，使之不作战备，才能机会出奇制胜。所以，李矩在汉使到来之时，将精兵隐藏起来，而现其老弱病残，以示无法为战。汉使回去后，将所见所闻如实禀报，刘畅得知李矩手下皆老弱残兵，并已同意投降，甚为欣慰。

李矩还遣使给刘畅送去美酒和牛肉，供其犒赏大军，刘畅遂大宴众将士，痛饮至夜，皆陶然而醉。

入夜后，李矩召集众将士，准备夜袭汉军。晋军士卒听了，皆有惧色。李矩见士卒不可用，急中生智，乃令将军郭诵至附近的子产祠祈祷，使巫师当众宣称："子产有教，当遣神兵相助。"众将士听了，信以为真，士气大振，摩拳擦掌，准备在"神兵"的帮助下击破汉军。

李矩于是精选能征善战的勇士千名，令郭诵率领之，乘夜袭击汉营。汉军大宴后，皆醉卧营中，大多已进入梦乡，做梦也想不到已经答应投降的李矩会来劫营。所以，晋军夜袭非常顺利，以区区千人突入三万汉兵营中，左砍右杀，许多汉兵在醉梦中便丢了脑袋。刘畅也饮得大醉，忽闻营中大乱，登时酒醒了大半，出营一看，汉军早已乱成一团，死的死，逃的逃、降的降，一败涂地，只得上马而逃。

天亮后，李矩打扫战场，缴获汉军马匹辎重不计其数。三万汉兵，被斩首的达数千人，余者皆降，只有刘畅一人逃脱。

李矩以一千袭三万，竟打了一个歼灭战，此诚战争史上一大奇迹也！

刘畅三万大军，一夜之间灰飞烟灭，就败在一个"骄"字上。可见，"骄兵必败"，乃不易之理！

（《晋书·李矩传》、《晋书·刘聪载记》）

杜预为晋兴邦

晋代的大将军杜预，为晋国统一天下立下过汗马功劳。但人们未必知道，杜预还是个经济学家，为晋国的经济发展也立下了不朽功勋。

杜预字元凯，是京兆杜陵（在今陕西省西安市东南）人。他的祖父和父亲都是魏国的高官。但他的父亲因为与司马懿政见不合而受害，所以杜预年轻时，虽然博学多才，却不被任用。司马懿死后，司马昭继承父业，才改变了对杜预的态度。司马昭还把自己的妹妹高陆公主嫁给杜预，从此，杜预的地位才发生了重大变化。他被拜为尚书郎，还承袭了父亲原来受封的丰乐亭侯爵位。在魏军大举伐蜀的时候，杜预也随着司徒钟会出征。但灭蜀后，钟会反叛并被乱军杀死，许多将领遇难了，只有杜预以自己的智谋脱险。此后，杜预日益受到司马氏的重视。在司马炎夺取魏国江山，自立为帝，建立晋朝以后，杜预还与江充等人为晋国建立了许多新的律令。

晋武帝泰始七年，匈奴右贤王刘猛叛晋，武帝拜杜预为度支尚书，并下诏令杜预考虑一套完善的办法解决刘猛叛后的问题，杜预却提出了一套发展经济稳定局势的方案。

杜预的建议，比较主要的有：第一，建立籍田。籍田是古代流传下来的一种制度，名义上是天子耕种的土地，史籍上有不少关于天子亲耕籍田的记载。但是实际上那是天子征用民力来耕种的土地。但建立籍田的本身，就表示天子对农业的重视。杜预意在通过天子表示重视农业，来加强国家的力量，从而安定边疆。第二，制造人排等新式器具。人排是一种用人力驱动的鼓风机，用来给冶铁炉鼓风冶铁的。其实，在东汉时代，就有南阳太守杜诗制造成功水排，用水力推动鼓风机冶铁。魏代也有韩暨制造水排的记载。但战乱之中，难以制造，水排又必需有相应的河流，不是随处可建。杜预的建议，旨在发展冶铁业，从而促进各业的发展。第三，兴建常平仓，这是国家储备粮食的仓库。并由国家制定谷物的价格。第四，建立管理食盐的生产销售运输和管理的制度。杜预提出的这些建议，对内有利于国家安定和繁荣，对外可以巩固边疆。因此，都被晋武帝采纳了。

杜预虽然出身于军伍，却对发展经济好像有一种特别的关注。泰始十年，杜预见黄河孟津渡口险要，时有渡船倾覆，建议在孟津东北不远处的富平津建造一座大桥。有人提出反对说：商周时代都没有在这里造桥，说明这里不能造桥。杜预没有听这一套，果然在这里造成了一座桥。桥成后，武帝亲自看视，称赞杜预说："如果没有先生，这道桥是不可能造成的！"

咸宁四年（278）秋，荆州、扬州等二十多个州郡和封国发生洪水，紧接着又是蝗灾，不但五谷不收，连农民的房舍都被冲毁。低洼的地方，积水排不出去，略高一点的地方，也都变得贫瘠荒凉，给百姓的生活和国家的经济造成了空前困难。这时，杜预再次上书，提出解决水患和兴农富国的建议。

杜预认为，这一次的水灾所以这样严重，是因为兖州（今山东省西南部）、豫州（今河南省东部及安徽省北部）等地修了一些堤坝，本想使洪水不溢出河道。但当洪水来到时，这些堤坝反而阻挡了洪水的排泄。并且，由于河水不能流往各地，也限制了那一地区水产业的发展，使那里的人民连鱼虾螺蚌之类水产品都吃不到。因此，他建议拆毁那些阻碍水流的堤坝，让水能够自然流出，并加以适当地疏导。如此的话，不但河水可以流出，还可以同时发展那里的水产事业，让饥民得到鱼虾等水产充饥。这些堤坝拆毁后，洪水带来的泥沙，还可以淤积出不少土地。这些土地一般比较肥沃。明年春天大种五谷，五谷必然大丰收。

杜预还提出，现在国家养了很多牛，可是这些牛却不用来种地，以至于有些牛已经老了，可是还没有穿鼻子（耕牛都要在鼻子上穿个孔，戴上嚼子，便于驾御）。这些牛白养着，没有发挥作用，国家却要派出很多士卒饲养它们，还要消耗大量的草料。应该把这些牛大部分卖给农民，让它们发挥作用。卖得的钱，用来抵偿这些牛的成本。

杜预这项建议使武帝很受启发，很快下诏说：现在国家养的牛总计四万五千多头。如果这些牛没有派上用场，头数再多，又有什么好处？并且这些牛的费用也越来越高。古人认为，养马养牛，平常耕地，战时用来打仗运输。它们与猪羊不同。我们白养着这些牛，不合时宜。现在既然已经拆毁了堤坝，就从国家养的牛中拨出三万五千头，发给兖豫二州的农民和将吏士卒，用来春耕。第二年有了收成以后，再让他们按每头牛三百斛谷的价钱交给国家。这些牛，国家可以净剩七百多万斛的粮食，今后几年国家都有了充足的粮食。

就是说，武帝完全采纳了杜预的建议。

杜预的这些建议，使国家和百姓都大受其益，朝廷和百姓拍手称赞。有人给他送了个绰号，叫做"杜武库"，意思是说，杜预好像一个武器库，要什么有什么。

在灭亡了吴国以后，杜预还整治了滍（zhì 志）水和濦（yù 育）水，这两条河均在今河南省，扩大灌溉面积万余顷，国家和百姓都得到了巨大的利益，成了百姓的依靠，所以百姓把这两项水利工程叫作"杜父"。在南方，他整治了汉水、湘水、沅水等多处河流湖泊。不但发展了灌溉，还方便了航运。百姓作歌歌颂杜预道："后世无叛由杜翁，孰识智名与勇功"。

杜预还编辑、写作了一本书，名为《春秋左氏经传集解》，流传后世。

当他六十三岁去世时，被追赠为征南大将军开府仪同三司。

五百年后，杜预的后代杜审言，特别是杜审言的孙子杜甫，都成了唐代的著名诗人。

（《晋书·杜预传》等）

人物春秋

南征北战风雨中——晋帝司马炎

武皇帝名炎，字安世，是文帝司马昭的长子。为人宽容厚道，慈善好施，喜怒不现于色，有容人的气量。魏国嘉平年间，赐爵北平亭侯，历任给事中、奉车都尉、中垒将军，同时还兼任散骑常侍，经过多次提拔后作了中护军、假节。奉命到东武阳县去迎接常道乡公曹奂，被提升作中抚军，进封爵位为新昌乡侯。到晋王国建立的时候，便被确定为王国的继承人，授官抚军大将军、开府，作相国的副手。

起先，文帝因为景帝司马师是宣帝司马懿的直系长子，早年去世，没有后代，便将武帝的弟弟司马攸过继给他，作为子嗣，并特别加以宠爱，自己认为是代司马攸担任相国职位的，今后死了，晋王的王位应当交还给攸。常常说："这是景王的天下，我怎么去分享啊。"当议论王国继承人的时候，有意使司马攸继承。何曾等人坚决反对说："中抚军聪察明智，神明威武，才华出众，旷世少有。又立发垂地，手长过膝，这不是一般的长相啊。"由于大臣们的坚持，就定下司马炎为太子。

咸熙二年五月，司马炎被立为晋王的太子。

八月初九，文帝司马昭去世，太子司马炎继承了相国、晋王的职位。发布命令：放宽刑罚，赦免犯人，安抚百姓，减轻徭役，国内举行三日的丧礼。这一月，身材高大的人出现在襄武县境，高达三丈，告诉该县县民王始说："现在天下应当太平了。"

九月初七，任命魏国的司徒何曾担任晋王国的丞相，镇南将军王沈担任御史大夫，中护军贾充担任卫将军，议郎裴秀担任尚书令、光禄大夫；他们都设置办公机构，聘请办事人员。

十一月，初次设立四护军，来统率京城以外的军队。闰十一月十五日，下令各郡中正官，按六条标准推荐沉抑在下、不得升进的人员：一是忠诚恭谨，奋不顾身，二是善事尊长，合乎礼仪，三是友爱兄弟，尊敬兄长，四是洁身自好，勤劳谦虚，五是讲究信义，遵守诺言，六是努力学习，陶冶自身。

这时候，晋王的恩德普及，四方归心。由于这样，魏国的皇帝曹奂知道天命已经有了归属，就派遣太保郑冲送策书说："我的祖先虞舜大受上天安排的命运，从唐尧处承继了帝位，也因天命又禅让给了夏禹。三位君主死后的灵魂上升天庭，配享天帝，而且都能广布天子恩德。自从夏禹受禅以后，上天又将伟大的使命降落在汉帝身上。因火德而兴起的汉帝已经衰微，于是又选中并授命给我的高祖。媲美于虞夏四代的光明显赫，这是四海公认的。晋王你的祖辈和父辈，衷心信服贤明的先哲，辅弼光大我曹氏宗族，功业德泽广布四方。至于天地神灵，无不亲善和顺，水土得到平治，万物得到成长，各方因此得到安宁。应当接受上天的使命，协调帝王统治天下的中正法则。于是，我虔诚地遵守帝王世系的传递，将帝位恭敬地禅让给你。帝王相继的次序已经落在你身上了，诚实地执行公平合理的原则吧，上天赐予的禄位得以长久。你应恭敬地顺从天帝的意旨，一切遵循常规法则，安抚周边国家，用来保持上天赐予的吉祥，不要废弃我武帝、文皇伟大功业。"武帝开始时谦让，魏国的公卿大臣何曾、王沈等人坚持请求，才接受了魏帝的禅让。

泰始元年冬季十二月十七日，在南郊设置坛场，百官有爵位的、以及匈奴南单于等四方各国到会的有数万人，举行烧柴祭天仪式，将继承帝位的事报告天帝说："新任皇帝臣司马炎冒昧使用黑色的公牛做祭品，明白地告诉光明而伟大的天帝：魏帝考查了帝位转移的运数，秉承了上天神圣的意旨来命令我：从前的唐尧，发扬光大了崇高的理想，禅让帝位给虞舜，舜又将帝位禅让给夏禹，他们都努力推行德政，留下了光辉的典范，得以世代相传，历年久远。到了汉朝，火德衰微，太祖武皇帝平息动乱，匡时救世，扶持拥戴刘氏，因此又接受了汉帝的禅让。就说进入魏朝吧，仍然是几代动乱，几乎到了灭亡的地步，确实是依靠晋王匡扶拯救的功德，因此得以保存魏国的宗庙祭祀，在艰难危险的时候，给予了极大的帮助，这都是晋王有大功于魏国啊。广阔的四方，无不恭敬顺从，肃清梁、岷，席卷扬、越，极远的荒外也得到统一，吉祥与符瑞多次出现，天命与人事互相呼应，四方无不服从。于是，我效法尧、舜、禹三帝，接受上天授予的帝位。我司马炎的威德不足以继承帝统，辞让又得不到准许。在这时候，公卿大臣，百官僚佐，庶民仆隶、以及各族酋长，都说：'皇天洞察下方，寻求民间的疾苦，既然授命为贤明的君主，就不是谦让可以拒绝和违背的事情。帝王的世系不能无人继统，庶民的生计与神灵的祭祀不可以无人主持。'我虔诚地奉行帝王传递的命运，恭谨地畏惧天命的威严，慎重地选择了吉日良辰，登坛接受魏国的禅让，举行祭天仪式将登基的事报告天帝，并永久地满足众人的厚望。"禅让典礼结束，武帝就来到洛阳宫，亲临太极前殿，发布诏令说："从前，我的祖父宣王，聪慧明智，敬慎明察，顺应上天的运数，宏扬帝王的功德，开创了宏伟的基业。伯父景王，身行正道，明达事理，兴旺发达了中国。到了父亲文王，思虑精密远大，和洽天地神灵，适应天命，顺从时运，接受了晋王的封爵。仁慈普及四海，功业惊动天地。因此，魏国曹氏借鉴先王的法则，效法唐尧的禅让，访求诸侯公卿，归结天命于我。我敬畏上天之命，因此不敢违背。想到我的威德不足，承担如此宏大的功业，置身在王侯公卿的上面，得以主宰天下，内心不安，十分畏惧，不懂治理国家。只有依靠你们这些在我左右的得力助手，忠心耿耿的文武大臣，你们的祖辈父辈，已经辅佐过我的祖先，光大兴隆了我晋国的基业。打算与天下各方共同享有这美好的岁月。"与此同时，颁布对已判刑囚犯的减免令，更改年号。赏赐天下人的爵位，每人五级；鳏寡孤独生活困难的人以稻谷，每人五斛。免收一年的田租、户调和关市的商税，老账、旧债全部兔去。调解过去嫌隙，废除原来的禁令，撤去官职、削除爵位的人，全都给予恢复。

十八日，武帝派遣太仆刘原到太庙禀告接受禅让的事。分封魏帝曹奂为陈留王，食邑一万户，居住在邺城的王宫中；曹氏诸王都降为县侯。追加尊号：宣王司马懿称宣皇帝，景王司马师称景皇帝，文王司马昭称文皇帝，宣王妃张氏称宣穆皇后。尊称太妃王氏为皇太后，居住的宫名崇化宫。分封叔祖父司马孚为安平王，叔父司马干为平原王、司马亮为扶风王、司马伷为东莞王、司马骏为汝阴王、司马肜为梁王、司马伦为琅邪王，弟弟司马攸为齐王、司马鉴为乐安王、司马机为燕王，堂伯父司马望为义阳王，堂叔父司马辅为渤海王、司马晃为下邳王、司马瑰为太原王、司马珪为高阳王、司马衡为常山王、司马子文为沛王、司马泰为陇西王、司马权为彭城王、司马绥为范阳王、司马遂为济南王、司马逊为谯王、司马睦为中山王、司马陵为北海王、司马斌为陈王，堂兄司马洪为河间王，堂弟司马楙为东平王。以骠骑将军石苞任大司马，赐爵乐陵公，车骑将军陈骞赐爵高平公，卫将军贾充任车骑将军、鲁公，尚书令裴秀赐爵钜鹿公，侍中荀勖赐爵济北公，太保郑冲任太傅、寿光公，太尉王祥任太保、睢陵公，王国丞相何曾任太尉、朗陵公，御史大夫王沈任骠骑将军、博陵公，司空荀颛赐爵临淮公，镇北大将军卫瓘赐爵菑阳公。其余人员增加封邑、进封爵位各有不同的等次，文武百官普遍增加爵位二级。改《景初历》名为《太始历》，腊祭百神用酉日，祭祀社神用丑日。十九日，武帝下召，倡导勤俭节约，拿出皇宫库藏的珍珠玉石、赏玩嗜好这类物品，按不同等次分赏给王公以下人员。设置中军将军，用来统领宿卫的左卫、右卫、骁骑、游击、前军、左军、右军等七军。二十日，武帝诏令陈留王曹奂使用天子的旗帜，备用按东、西、南、北、中方位配置的青、白、红、黑、黄五色侍从车，继续沿用魏国的历法，照常在南郊祭天、北郊祭地，礼乐制度也不改变，上书晋帝无需称臣。赐给山阳公刘康、安乐公刘禅的子弟各一人为驸马都尉。二十六日，任命安平王司马孚担任太宰、假黄钺、大都督中外诸军事。又下诏令说：以前，王凌策划废黜齐王曹芳，但曹芳终究未能保住自己的帝位。邓艾虽然自夸功勋，有失臣节，但他没有反抗，接受处罚。现在，彻底赦免他们家属的罪行，各自回到原地并确定他们的直系继承人。使衰败的世家兴旺起来，灭绝的大族后继有人，简化法典，省并刑律。废除曹魏时期对宗室担任官职的禁令。将官佐吏遭遇三年丧期的丧事，准许回家服完丧礼。百姓免去他们的徭役。停止部曲将领、州郡长吏以下人员的人质制度。削减郡国供给皇宫的征调，不准主管音乐的部门演出奢侈华丽的散乐、杂技等伎艺，以及雕刻彩饰这类出游、田猎的器具。鼓励众人敢于讲真话，设置谏官来主管这件事情。"

这一月，凤凰六只、青龙三条、白龙二条、麒麟各一只，现于郡国境内。二年春季正月初七，武帝派遣兼任侍中侯史光等人，给予符节，出使四方，视察民间的风俗，禁止不合礼制的祭祀。初八，有关部门请求建立供奉七代祖先的庙堂，武帝

难于为这事征发徭役，没有批准。| 口，陈去昌中住五更的时候，主唱鸡歌的卫士。二十二日，尊称景皇帝夫人羊氏为景皇后，居住的宫名弘训宫。二十七日，册立杨氏为皇后。

二月，解除原魏国对汉朝宗室任官的禁令。十一日，常山王司马衡去世。武帝下诏书说："五等爵位的分封，都是选取过去建立了功勋的人。本封是县侯的传爵位给次子降为亭侯，乡侯的降为关内侯，亭侯的降为关中侯，都收取他的封户租税的十分之一作为俸禄。"二十九日，郊外祭天，用宣皇帝司马懿配享，在太庙中祭祀祖先，用文皇帝司马昭配天帝。二十二日，诏书说："古代百官，都可以规诫帝王的过失。然而，保氏官特别以直言规劝天子作为自己的职责，现在的侍中、散骑常侍，实际上处在保氏官这样的职位上。挑选那些能够打破情面、矫正过误，匡扶救助、弥补不足的人，来兼任侍中、散骑常侍。"

三月二十日，吴国派遣使臣前来吊唁文帝司马昭，有关部门上奏回答吴国称诏书。武帝说："以前，汉文帝、后汉光武帝怀柔安抚尉他、公孙述，都没有辨正君臣的名分礼仪，这是用来笼络还没有归服的人的啊。孙皓派遣使臣的时候，还不知道晋国已经接受了魏帝的禅让，只用书信的方式来回答他。"

夏季五月戊辰，武帝下达诏令说："陈留王品德谦恭，每有一事就上表奏闻，这不是优待尊崇他的办法啊。主管的人应该向他讲明用意，不是重大的事情，就由王国的官属用表的方式上奏。"壬子，骠骑将军、博陵公王沈去世。

六月二十五日，济南王司马遂去世。秋季七月初五，营建太庙，运来荆山的木材，开采华山的石料；铸造铜柱十二根，表面涂上黄金，雕刻各种物像，用明珠加以装饰。二十二日，谯王司马逊去世。三十日，有日蚀出现。八月初十，裁减右将军官职。

起初，武帝虽然遵从汉魏的制度，已安葬了文帝，便脱去丧服，但是身穿居家的衣服，头戴白色的帽子，不侍御座，撤去御膳，悲哀恭敬如同居丧时期一样。二十二日，有关部门上奏，请求改穿官服，恢复御膳，武帝不允；直到三年丧期服满以后，才恢复平素的服食起居。后来服太后的丧礼，也是这样。九月二十日，散骑常侍皇甫陶、傅玄兼任谏官，上书直言规诫，有关部门上奏武帝，请求搁置这件事。武帝下诏书说："大凡涉及谈论人主的过失，臣下最感困难，又苦于人主不能倾听与采纳，这就是从古以来忠臣直士所以情绪激昂的原因啊。常常将陈述的事交主管的人，又大多近乎严厉的挑剔，说是优容宽厚应该由皇上施予，这像什么话吗？一定要详细评论议定。"

二十三日，有关部门上奏："晋继承伏羲、神农、黄帝的业迹，踏着虞舜、夏禹足迹，适应天命，顺从时运，接受魏帝的禅让，应当统一使用前朝的历法和车马、祭牲的颜色，都如同虞舜遵守唐尧典制的先例。"奏章被准。

冬季十月初一，发生日蚀。初二，武帝下诏书说："从前，虞舜下葬苍梧，当地的农夫并未让出耕地；夏禹下葬成纪，那里的市井依旧照常营业。追思祖先清廉简易的宗旨，所迁徙陵地十里以内居民这件事，动不动就引起烦扰骚乱，应该完全停止它。"

十一月初五，倭国人来朝进献特产。合并冬至圆坛祭天、夏至方坛祭地于南郊祭天、北郊祭地，使冬至与夏至的祭祀统一于南郊与北郊。撤销原魏国监视山阳公国的督军官职，废除对它的有关禁令与限制。十五日，景帝夫人夏侯氏被追加尊号为景怀皇后。十七日，把已死祖先的牌位迁徙入太庙。

十二月，撤销屯田制的农官系统，将它与郡县合并。这一年，凤凰六只、青龙十条、黄龙九条、麒麟各一只，出现在郡国境内。

三年春季正月癸丑，白龙二条，出现在弘农郡的渑池县境。丁卯，武帝册立长子司马衷作晋国的太子。颁布诏令说："我以不足的德望，被推尊为天子，小心恭谨，心怀畏惧，担心不能安定匡救天下，想同全国上下，共同整饬、发扬王者的政教，从根本上进行变革，对于设置继承人，明确嫡长子，不是最紧迫的事情。加上近代每次建置太子，必定有赦免罪犯、施行恩惠的事，其间往往是不得已才这样做的，都是顺从王公百官的奏请罢了。当今，盛衰治乱的更迭变化即将稳定，准备用道德仁义的道理去教化他们，用真善丑恶的典型去诱导和警戒他们，使百姓放弃投机侥幸的念头，笃守终始如一的行为，小恩小惠，所以没有必要采用它了。这样的政策要使大家都能明白。"

三月初六，初次准许二千石以上的官吏，可以守完三年的丧礼。丁未，白天如同黄昏一样黑暗。裁减武卫将军官职。任命李熹作太子太傅。太山发生石崖崩裂。

夏季四月十六日，张掖郡的太守焦胜上书说：氏池县的大柳谷口有一处黑色石崖，白天显现出彩色纹理，实在是大晋国的吉祥，将它描画下来，进献朝廷。武帝下令用一丈八尺长的绢帛作祭品，上告于太庙，并将图像藏在秘府中。

秋季八月，撤销都护将军机构，将它所管辖的五官、左、右以及虎贲、羽林五署交还给光禄勋。

这一年王导妻曹氏去世，赠金章紫绶。早年，曹氏性好妒嫉，王导对她十分惮惧，私下在别处营造府邸，安置群妾。曹氏得知，要去那里，王导唯恐群妾蒙受羞辱，急忙命人驾车赶去，仍恐迟到，便用手中的麈尾柄驱牛快进。司徒蔡谟听说后，开玩笑对王导说："朝廷要赐你九锡。"王导没有觉察，只是谦虚推让。蔡谟说："没听说有其他东西，只有短辕牛车，长柄麈尾。"王导大怒，对人道："当年我与群贤同游洛中时，还没听说有蔡克的儿子呢！"

九月十四日，武帝下诏书说："古时候，用德行高低来显示爵位等级，按功劳大小来制定俸禄多少，虽然是最低一级的官吏，还享有上等农夫的收入，对外能够做到奉公守法，丢掉私念，对内完全可以赡养家人，周济亲友。现在，有爵位的官员，俸禄还不能养家糊口。这不是用来倡导教化的根本方法啊。当议论增加官吏的薪俸。"赏赐王侯公卿以下人员数量不等的绢帛。升太尉何曾任太保、义阳王司马望任太尉、司空荀𫖮任司徒。

冬季十月，准许士兵中遭遇父母死亡的人，只要不是在边疆战场上，都可以因家奔丧。十二月，改封宗圣侯孔震为奉圣亭侯。山阳公刘康入京朝见。禁止占星望气、预言吉凶的法术。

四年春季正月初三，武帝任命尚书令裴秀担任司空。十八日，晋国的律令修订完成，参与者增封爵位、赏赐绢帛各有不同的等级。光芒四射的慧星名字称孛的出现在轸宿星区。十九日，武帝在用于宗庙祭祀的农田上，举行耕田的仪式。二十日，下诏令说："古代，设置象征五刑的特异服饰来表示耻辱，但是百姓都不去犯法，当今，虽然有诛灭父族、母族和妻族的酷刑，可是作奸犯科的事不断发生，为什么德化与刑治的差别有这么大呢！文帝十分爱惜百姓，怜悯狱讼，于是命令众大臣参考历代刑典，修订晋朝的法律。我继承父祖留下的基业，想使天下长治久安，愿同各方用德化作为治国的根本。当前，温暖的春天孕育万物，春耕伊始，我亲自带领王公百官，耕种用于宗庙祭祀的农田千亩。加上律令已经修订完成，将它颁布于天下，准备采用简化刑律、致力德化，来慈爱抚育境内的百姓。应当从宽处理犯法的人，使他们得到改正过误、重新做人的机会，对天下已经判刑的罪犯，实行免刑或减刑吧。长吏、郡丞、长史每人赐马一匹。"

二月初三，山阳公国增加设置相、郎中令、陵令、杂工宰人、鼓吹车马各有不同的数量。废除中军将军官、设置北军中候代替它。十七日，东海人刘俭因德行突出，被任命为郎官。调中军将军羊祜担任尚书左仆射、东莞王司马伷担任尚书右仆射。

三月二十一日，皇太后王氏去世。

夏季四月初二，太保、睢陵公王祥去世。初三，将文明皇后王氏在崇阳陵内与文帝合葬。废除振威、扬威护军等官，设置左、右积弩将军。

六月初一，武帝下达诏书说："郡国的守相，每三年一次巡视所属的各县，必定在春季，这是古代地方官吏用来陈述职守、传布风化、展示礼仪的方式啊。接见长吏，观察风俗，协调礼律，考查度量，慰问老人，拜访高年；讯视囚徒，受理冤狱，仔细考察政令、刑罚的成功与失败，深入了解百姓所忧虑与痛苦的事情。不分远近，都如同我亲身巡视这些地方。督促教导五常，勉励从事农耕；劝勉求学之人，让他们专心致意于六经，不要学习诸子百家的非根本之学，妨碍了自己的远大前程。士人和庶民中有勤奋学习，遵循道德，孝亲敬兄，诚实守信，廉洁奉公，品行优异的人，推荐并进用他们；有在父母面前不孝敬，在亲族面前不仁爱，违反礼义，抛弃纲常，不遵守法令的人，要加以严惩。田地垦辟，生产发展，礼教普及，令行禁止，这是地方官吏能干啊；百姓穷困，农田荒芜，盗贼四起，狱讼繁多，欺下瞒上，礼教废驰，这是地方官吏的无能啊。如果地方官吏任职期间，有秉公廉洁，不谋私利，刚正不阿，不图虚名的人，以及那些自身贪赃受贿，靠献媚黩货求得安身，公正节操没有树立，但是私家财富却日益增加的人，都要细心考察他们。奖善惩恶，进贤去邪，这正是我垂衣拱手，总揽大纲，督责完成治理天下的任务于贤能的郡国守相的目的啊。唉，你们要警戒啊！"

秋季七月，太山石崩，一群陨星向西流失。戊午，武帝派遣使臣侯史光巡视天下。十四日，祭拜崇阳陵。

九月，青、徐、兖、豫四州水灾严重，伊河、洛河洪水泛滥，与黄河连成一片，政府开仓以赈救灾民。武帝下诏书说："即使诏令已作了规定，以及奏请得到批准的事情，但在实施中有不符合实际的，都要如实上报，不得隐瞒。"

冬季十月，吴国将领施绩入侵江夏，万郁寇扰襄阳。武帝派遣太尉、义阳王司马望出屯龙陂。荆州刺史胡烈打败了万郁。吴将顾容入寇郁林，太守毛炅给他以沉重打击，杀了吴国的交州刺史刘俊、将军修则。

十一月，吴国将领丁奉等人出兵芍陂，安东将军、汝阴王司马骏与义阳王司马望反击，再次被击败。二十七日，武帝诏令王公百官以及郡国守相，推荐德行高尚、公正耿介、直言无讳的人士。

十二月，武帝向郡国守相颁布五条诏书：一是修养心身，二是厚待百姓，三是体恤孤寡，四是重农抑商，五是杜绝请托。二十八日，武帝到听讼观查阅廷尉府洛阳地区在押囚犯的案卷，并亲自审讯罪犯，进行判决。扶南、林邑国分别派遣使臣来朝，贡献物品。

五年春季正月初一，武帝一再告诫郡国掌管税收、财务的计吏，以及守相、令长，务必使农民充分利用土地资源，不准

72

他们弃农经商。初四，武帝到听讼观，查阅囚犯的案卷，并亲自审讯，大多从宽释放。青龙二条出现在荥阳郡境内。

二月，分雍州的陇右五郡以及凉州的金城、梁州的阴平，建置秦州。二十日，二条白龙出现在赵国境内。青、徐、兖三州水灾，武帝派遣使臣去救济慰问灾民。壬寅，任命尚书左仆射羊祜都督荆州诸军事，征东大将军卫瓘都督青州诸军事，东莞王司马镇东大将军、都督徐州诸军事。二十六日，武帝下诏令说："古时代，每年记录各种属吏的功绩与过误，积累三年再惩罚或奖励他们。现在，令史这类属吏，只选择粗疏低劣的人加以淘汰，起不到鼓励、劝进的作用，不是晋升勤能、罢黜疏劣的好办法啊。当分别记录勤恪能干、功绩卓著，德行优异这样的人，年年如此，成为制度，我将评论他们的事功劳绩。"

三月二十八日，诏令蜀汉丞相诸葛亮的孙子诸葛京，安排适当的官职。

夏季四月，发生地震。

五月初一，凤凰出现在赵国境内。特赦交趾、九真、日南这三郡判处五年以下刑期的囚犯。

六月，邺城的奚官督郭廙上书武帝，陈述五件事情，用来谏诤，言辞十分恳切直率，武帝破格提升他担任屯留县的县令。西平麹外面供吏民进谏、明冤用的登闻鼓，上奏的言辞大多妖妄诽谤，有关部门奏请将他斩于市场，陈尸示众。武帝说："是我的过误啊。"释放了麹究。撤销镇军将军，重新设置左、右将军的官职。

秋季七月，延请诸公入朝，征询正直的言论。

九月，慧星出现在紫宫星座。

冬季十月十九日，武帝因汲郡太守王宏治理有方，成效卓著，赐谷一千斛。

十一月，武帝给弟弟司马兆追加封爵、谥号为城阳哀王，并将儿子景度过继给司马兆，作为后嗣，继承他的爵位。

十二月，武帝下令州郡推荐勇敢有力、优秀奇异的人才。

六年春季正月初一，武帝不侍正殿而来到殿前，也没有陈列乐队。吴国将领丁奉入侵涡口，扬州刺史牵弘打败并赶走了他。

三月，武帝下令赦免判处五年以下刑期的囚犯。夏季四月，白龙二条出现在东莞境内。五月，分封寿安亭侯司马承为南宫王。

六月初四，秦州刺史胡烈在万斛堆处进讨叛虏秃发树机能，奋力战斗，死在战场上。武帝下诏派遣尚书石鉴代行安西将军、都督秦州诸军事，和奋威将军田章共同讨伐叛虏。

秋季七月十四日，武帝下令陇右五郡遭受叛虏侵扰的百姓，免收田租、户调，无法维护生活的人，开仓予以救济。二十二日，城阳王司马景度去世。武帝下诏令说："自从泰始初到现在，重大的事件都编撰记录下来，保存在秘书府内，还抄写有副本。今后凡有这类事件，都应加以编撰汇集，并把它作为经常的制度。"二十四日，任命汝阴王司马骏担任镇西大将军、都督雍、凉二州诸军事。

九月，大宛国进献汗血马，焉耆来朝进贡特产。冬季十一月，武帝亲往太学，举行祝贺学业有成的"乡饮酒"古礼，并分别不同的等次，赏赐太常博士、学生的绢帛牛酒。分封儿子司马柬为汝南王。十二月，吴国的夏口督、前将军孙秀率众投降，授官骠骑将军、开府仪同三司，赐爵会稽公。十七日，又恢复设置镇军将军官职。

七年春季正月二十六日，武帝给太子司马衷举行表示成人的加冠典礼，赏赐王公以下人员分别以不同等次的绢帛。匈奴族酋帅刘猛反叛，出奔塞外。

三月，吴帝孙皓率领兵将进军寿阳，武帝派遣大司马司马望出屯淮北来防御他。初七，司空、钜鹿公裴秀去世。十四日，任命中护军王业担任尚书左仆射、高阳王司马珪担任尚书右仆射。孙秀所部将领何崇带领五千人，前来投降。

夏季四月，九真郡太守董元被吴国将领虞汜围攻，军队战败，死在战斗中。北地胡人寇金城，凉州刺史牵弘讨伐叛胡。鲜卑等族在内地叛变，将牵弘围困在青山地界；弘军战败，死在战场上。

五月，武帝封儿子司马宪为城阳王。雍、凉、秦三州发生饥荒，武帝下令赦免这三州境内判处斩刑以下的罪犯。

闰五月，武帝举行求雨的祭祀，太官也减低膳食标准。又下令交趾三郡、南中各郡，免交今年的户调。

六月，武帝诏令公卿以下人员，每人推荐将帅一名。二十四日，大司马、义阳王司马望去世。大雨连绵，伊河、洛河、黄河洪水泛滥成灾，漂流居民四千多家，淹死三百多人，诏令救济灾民，死了的赐予棺材。

秋季七月二十六日，调车骑将军贾充担任都督秦、凉二州诸军事。吴国将领陶璜等人围攻交趾，太守杨稷和郁林太守毛炅以及日南三郡向吴国投降。

八月初九，调征东大将军卫瓘担任征北大将军、都督幽州诸军事。十九日，城阳王司马宪去世。分益州的南中四郡建置宁州，特赦这四郡判处斩刑以下的囚犯。

冬季十月初一，发生日蚀。冬十一月十二日，卫公姬署去世。十二月，天降大雪。撤销中领军官署，将它与北军中候机构合并。调光禄大夫郑袤担任司空。

八年春季正月，监军何桢出讨匈奴族刘猛，多次打败了他，凶奴左部酋帅李恪杀了刘猛，前来投降。十九日，武帝在用来祭祀宗庙的农田里，举行耕田仪式。

二月初一，禁止制造违反规定的装饰品、丝织物。十八日，太宰、安平王司马孚去世。诏令中央、地方各级官吏，每人推荐能胜任边郡职事的人三名。武帝和右将军皇甫陶议论政事，陶与武帝发生争论，散骑常侍郑徽上表请求依法处治皇甫陶。武帝说："敢于讲真话，这是殷切希望在我身边的人，都能做到的事情啊。君主常常因为有了阿谀奉承的人，才造成祸患，那里会由于有了正直的大臣，使国家遭受损害的啊！郑徽超越职权，妄自上奏，难道符合我的本意吗。"于是，撤了郑徽的官职。

夏季四月，增设后将军，用来完备前、后、左、右四军的建制。六月，益州牙门张弘诬陷他的刺史皇甫晏谋反，并将晏杀害，通过驿站送人头到京都。张弘坐罪被处死，诛灭了他的父、母、妻三族。二十日，武帝颁布对已判刑囚犯的减免令。二十四日，诏令陇右四郡遭受叛房侵害的人家，免交田租。

秋季七月，调车骑将军贾充担任司空。九月，吴国西陵督步阐前来投降，授官卫将军、开府仪同三司，赐爵宜都公。吴国将领陆抗进攻步阐，武帝派遣车骑将军羊祜带领兵众从江陵进军，荆州刺史杨肇到西陵迎接步阐，巴东监军徐胤进攻吴国的建平郡，来牵制吴国，求援步阐。

冬季十月初一，有日蚀发生。十二月，杨肇进攻陆抗，不能取胜，被迫撤军退回。步阐因西陵城陷落，被陆抗擒获。

九年春季正月二十二日，司空、密陵侯郑袤去世。二月二十五日，司徒、乐陵公石苞去世。武帝分封安平亭侯司马隆为安平王。三月，分封儿子司马祗为东海王。夏季四月初一，出现日蚀。五月，发生旱灾。任命太保何曾兼领司徒。六月二十九日，东海王司马祗去世。

秋季七月初一，发生日蚀。吴国的将领鲁淑围攻弋阳，被征房将军王浑击败他。撤销五官、左、右中郎将、弘训太仆、卫尉、大长秋等官职。鲜卑族入侵广宁，杀戮、掳掠五千人。武帝下诏选聘公卿以下人员的女儿来充实后宫，搜罗挑选没有结束以前，暂时禁止婚嫁。

冬季十月十七日，武帝发诏，女子满了十七岁，父母还没有将她出嫁的，由当地官吏给她婚配。十一月初三，武帝来到宣武观，举行盛大的阅兵典礼，初十才结束。十年春季正月十八日，武帝在用于宗庙祭祀的农田里，举行耕田仪式。闰正月十一日，太傅、寿光公郑冲去世。十七日，高阳王司马珪去世。十八日，太原王司马瑰去世。

二十五日，武帝下诏书说："嫡子与庶子的区别，用来分辨上下，表明贵贱。但是，近代以来，大多宠爱姬妾，使她们升上了后妃的位置，搞乱了尊卑贵贱的秩序。从今往后都不准选用妾滕作为嫡系正妻。"

二月，分幽州的五郡建置平州。三月初二，发生日蚀。夏季四月二十八日，太尉、临淮公荀颛去世。

六月初三，武帝到听讼观，查阅囚徒的案卷，亲自审讯犯人，多数被从宽发落，得到释放。夏季，出现严重的蝗灾。

秋季七月初六，杨皇后去世。二十二日，吴国平虏将军孟泰、偏将军王嗣等人，带领军队来降。

八月，凉州的叛虏入寇金城等郡，镇西将军、汝阴王司马骏讨伐叛虏，杀了他的酋帅乞文泥等人。十九日，将元皇后杨氏安葬在峻阳陵内。

九月初四，武帝调大将军陈骞担任太尉。晋军攻下了吴国的枳里城，活捉立信校尉庄祐。吴国将领孙遵、李承率领军队，入侵江夏，太守嵇喜打败了他们。在富平津处修建了黄河大桥。

冬季十一月，在洛阳城东的七里涧处，修建了石桥。十二日，武帝来到宣武观，大规模阅军。

十二月，慧星出现于轸宿星区。武帝设置管理在春耕前举行亲耕仪式这种农田的藉田令。分封太原王的儿子司马辑为高阳王。吴国威北将军严聪、扬威将军严整、偏将军朱买来晋投降。

这一年，凿通陕南山，在黄河堤岸上打开缺口，使河水向东流入洛河，用来畅通漕运。

咸宁元年春季正月初一，颁布对已判刑罪犯的减免令，更改年号。

二月，由于将官、士兵已到结婚年龄应当娶妻的人众多，便规定了凡是养育有五个女儿的人家，就免去他的租调徭役。辛酉，原任郏县县令夏谡做官清廉，名声远扬，赏赐稻谷一百斛。由于官吏的俸禄菲薄，分别不同的等次，赏赐公卿以下人员的绢帛。叛虏树机能送来人质，请求归降。

夏季五月，下邳、广陵两地区发生风灾，吹折树木，毁坏房屋。

六月，鲜卑族力微派遣儿子来朝贡献。吴国入寇江夏。西域戊己校尉马循讨伐叛虏鲜卑，战胜并杀了它的渠帅。二十四日，设置总管东宫事务的太子詹事官。

秋季七月三十日，发生日蚀。郡国出现螟虫灾害。八月十八日，沛王司马子文去世。武帝把死去的太傅郑冲、太尉荀颢、司徒石苞、司空裴秀、骠骑将军王沈、安平献王司马孚等王公，以及还健在的太保何曾、司空贾充、太尉陈骞、中书监荀勖、平南将军羊祜、齐王司马攸等功臣，都书名在旗幡上，配享于太庙。九月十一日，青州发生螟害，徐州洪水泛滥成灾。冬季十月初二，常山王司马殷去世。初十，彭城王司马权去世。十一月十一日，武帝在宣武观大规模地检阅军队，十七日结束。十二月初五，追加尊号：宣帝庙称高祖，景帝庙称世宗，文帝庙称太祖。这一月，发生了严重的瘟疫，洛阳地区的百姓死亡超过了一半。武帝分封裴颇为钜鹿公。

二年春季正月，由于瘟疫流行，停止了元日的朝会。分别不同的等次，赏赐没有固定职事的闲散官吏下至士兵的蚕丝。

二月初五，河间王司马洪去世。十三日，武帝下令赦免判处五年以下刑期的囚犯。东方夷族有八国归顺。并州的叛虏侵犯边塞，被监并州诸军事胡奋打败。

起初，敦煌太守尹璩去世，凉州刺史任用敦煌县令梁澄代领太守的职务，议郎令狐丰罢黜梁澄，擅自代领该郡事务。丰死以后，弟弟令狐宏又代行郡职。到这，凉州刺史杨欣杀了令狐宏，通过驿站送宏头到洛阳。

早些时候，武帝患病，到现在病体痊愈，大臣们祝贺平安。武帝下诏书说："每次想到近来遭遇瘟疫死去的人们，心里就为他们十分难过。难道能因我一个人的病体康复，就忘了百姓的苦难了吗？凡是来祝贺平安的人，都应该予以谢绝。"

夏季五月，镇西大将军、汝阴王司马骏讨伐北胡，杀了它的渠帅吐敦。创立专门供五品以上官员子弟读书的国子学。二十一日，武帝举行了隆重的求雨祭祀。

六月癸丑，武帝在太庙中进献荔枝。甲戌，慧星出现在氐宿星区。从春季发生旱灾，到这月才降雨。吴国京下督孙楷率领军队来降，被任命为车骑将军，赐爵丹杨侯。白龙二条出现在新兴郡的井中。

秋季七月，慧星出现在大角星附近。吴国的临平湖自后汉末年淤塞，到这时自行开通。年老的人都在传说："此湖堵塞，天下大乱；此湖畅通，天下太平。"初五，安平王司马隆去世。东方夷族有十七国归附。河南、魏郡洪水泛滥成灾，淹死了一百多人，武帝诏令赐予棺材。鲜卑族阿罗多等人入寇边境，西域戊己校尉马循征讨入侵鲜卑，杀死四千多人，生俘九千多人，在这种形势下，阿罗多等人来晋投降。

八月初二，河东、平阳发生地震。二十一日，以太保何曾任太傅，太尉陈骞任大司马，司空贾充任太尉，镇军大将军、齐王司马攸任司空。慧星出现在太微星座，九月又出现在翼宿星区。丁未，在洛阳城东修建太仓，又在东、西市场修建常平仓。

闰九月，荆州有五郡发生水灾，漂流居民四千多家。冬季十月，任命汝阴王司马骏担任征西大将军、平南将军羊祜担任征南大将军。二十一日，册立杨氏为皇后，颁布对已判刑罪犯的减免令，赏赐王公以下人员以及鳏寡各有不同的等次。十一月，白龙二条出现在梁国境内。十二月，武帝征召从未任官的士人安定郡皇甫谧，出任太子中庶子。进封皇后的父亲镇军将军杨骏爵位为临晋侯。当月，由于平州刺史傅询、前任广平太守孟桓作官清廉、声名远扬，傅询赏赐绢帛二百匹，孟桓一百匹。

三年春季正月初一，发生日蚀。武帝分封儿子司马裕为始平王、安平穆王司马隆的弟弟司马敦安平王。又下诏书说："宗族和亲属，都是国家的辅翼，想使他们遵守和奉行道德礼仪的规范，成为天下人们学习的榜样。但是，身处富贵地位又能谨慎行事的人不多，召穆公召集兄弟在一起，歌咏名为《唐棣》的诗篇作为训诫，这是周代姬氏本宗和支庶能够传递百代、没有凋残的原因啊。现在任命卫将军、扶风王司马亮担任宗师，所有应当施行的事情，都要在宗师那里征询意见。"十五日，始平王司马裕去世。慧星出现在西方。武帝派遣征北大将军卫瓘征讨鲜卑族的力微。

三月，平虏护军文淑讨伐叛虏树机能等人，都打败了他们。慧星出现在胃宿星区。二十一日，武帝准备进行一次田猎活动，担心践踏了麦苗而停止。

夏季五月十五日，吴国将领邵凯、夏祥带领兵众七千多人前来归降。六月，益、梁二州有八郡发生水灾，漂杀居民三百多人，淹没了屯积军粮的简易仓库。

秋季七月，调都督豫州诸军事王浑担任都督扬州诸军事。中山王司马睦因犯罪，削爵为丹阳县侯。

八月二十一日，武帝改封扶风王司马亮为汝南王、东莞王司马伷为琅邪王、汝阴王司马骏为扶风王、琅邪王司马伦为赵王、渤海王司马辅为太原王、太原王司马颙为河间王、北海王司马陵为任城王、陈王司马斌为西河王、汝南王司马柬为南阳王、济南王司马耽为中山王、河间王司马威为章武王。分封儿子司马玮为始平王、司马允为濮阳王、司马该为新都王、司马遐为清河王，钜平侯羊祜为南城侯。任命汝南王司马亮作镇南大将军。大风吹倒树木，突然降温并且结冰，五郡国降霜成灾，庄稼损害严重。

九月十七日，调左将军胡奋任都督江北诸军事。兖、豫、徐、青、荆、益、梁七州发生严重的水灾，淹没了秋季作物，武帝诏令开仓赈灾。分封齐王的儿子司马蕤为辽东王、司马赞为广汉王。

冬季十一月十六日，武帝来到宣武观，大规模地检阅军队，二十二日才结束。十二月，吴国的将领孙慎入寇江夏、汝南，掳掠一千余家后撤走。

这一年，西北杂居的各族，以及鲜卑、匈奴、五溪蛮夷、东方夷族的三个国家，先后十多人次，各自带领本族部落归顺。

四年春季正月初一，发生日蚀。

三月十五日，尚书左仆射卢钦去世。辛酉，调尚书右仆射山涛任尚书左仆射。东方夷族有六国来京朝贡。

夏季四月，光芒类似蚩尤旗状的慧星出现在井宿星区。六月初十，阴平郡的广武县发生地震，二十七日又震。州刺史杨欣在武威地区与叛虏若罗拔能等人交战，大败，死在战场上。弘训皇后羊氏去世。

秋季七月二十三日，武帝将景献皇后羊氏与景帝合葬于峻平陵内。二十二日，高阳王司马缉去世。二十六日，范阳王司马绥去世。荆、扬二州有二十个郡国，都发生了严重的水灾。九月，调太傅何曾任太宰。十五日，调尚书令李胤任司徒。

冬季十月，武帝调征北大将军卫瓘任尚书令。扬州刺史应绰进攻吴国的皖城，杀敌军五千人，焚毁囤聚的谷米一百八十万斛。十一月十六日，太医官署的司马程据，进献用雉鸡头部羽毛制成的裘衣，武帝因其为新奇特异的服饰，是被典制礼仪禁止的东西，在大殿前面焚烧了它。十九日，又敕令中央、地方官吏敢有再违犯的，将惩罚他们。吴国昭武将军刘翻、厉武将军祖始来晋投降。二十六日，调尚书杜预出任都督荆州诸军事；征南大将军羊祜去世。十二月初一，西河王司马斌去世。十三日，太宰、朗陵公何曾去世。

这一年，东方夷族有九国归附。

五年春季正月，叛虏酋帅树机能攻陷凉州。初一，武帝派遣讨虏护军、武威太守马隆讨伐他。二月初一，白麟出现在平原国。三月，匈奴族都督拔弈虚带领部落归顺。十二日，由于百姓正度荒年，武帝也减少膳食费用的一半。彗星出现在柳宿星区。

夏季四月，彗星又出现在女御星区。武帝颁布对已判刑囚犯的减免令，废除部曲督以下将吏的人质制度。五月二十五日，有八郡国下降冰雹，伤害秋季农作物，损坏了百姓的房屋。

秋季七月，彗星出现在紫宫星座。九月初四，有麟出现在河南郡。

冬季十月十九日，匈奴余渠都督蚀雍等人带领部落归顺。

汲郡人不准发掘战国魏襄王的墓葬，得到有小篆字体的竹简古书共十多万字，收藏在保存国家秘籍的部门。

十一月，武帝大规模伐吴，派遣镇军将军、琅邪王司马颙出兵涂中，安东将军王浑出兵长江西岸，建威将军王戎出兵武昌，平南将军胡奋出兵夏口，镇南大将军杜预出兵江陵，龙骧将军王浚、广武将军唐彬率领巴蜀的士兵，顺长江向下游进军，东西共有军队二十多万。任命贾充担任大都督，行冠军将军杨济作副手，总领各路军队。

十二月，马隆进攻叛虏树机能，彻底击败叛虏，杀了树机能，平定凉州叛乱。肃慎国派遣使臣，前来贡献楛箭杆，石制箭镞。

太康元年春季正月初一，五色云气覆盖了太阳。二十五日，王浑攻克吴国的寻阳、赖乡等城池，活捉了武威将军周兴。

二月初一，王浚、唐彬等人攻下了丹杨城。初三，又攻克西陵，杀了吴国的西陵都督、镇军将军留宪，征南将军成璩，西陵监郑广。初五，王浚又攻占夷道、乐乡等城，杀了夷道监陆晏、水军都督陆景。十七日，杜预攻陷江陵，杀了吴国的江陵督伍延；平南将军胡奋攻克江安。在这时候，晋国各路军队同时并进，乐乡、荆门等地的吴国守军，相继前来归降。十八日，武帝任命王浚担任都督益、梁二州诸军事，又下达诏令说："王浚、唐彬向东进军，肃清巴丘以后，与胡奋、王戎一起攻克夏口、武昌，再顺流东下，直达秣陵，与胡奋、王戎审时度势，相机行事。杜预应当稳定零、桂，安抚衡阳。大军既已前进，荆州的南部地区，定当传布檄文就可平定，杜预应分一万人给王浚，七千人给唐彬；夏口既已攻下，胡奋应分七千人给王浚；武昌得手，王戎分六千人增加唐彬的兵力。太尉贾充移驻项城，总管监督各方事宜。"王浚率军向前，攻陷了夏口、武昌，于是战舰漂浮东下，凡是到达的地方，没有遇到抵抗就平定了。王浑、周浚在版桥地界，与吴国的丞相张悌交战，大败吴军，杀了张悌以及随同他的吴国将领孙震、沈莹，将他们的人头送往洛阳。孙皓穷困紧迫，请求投降，向琅邪王司马伷送上吴国皇帝的御玺及绶带。

三月十五日，王浚率领水军，直达建邺的石头城，孙皓恐惧，反缚双手，载着棺材，在晋军营门前投降。王浚手持符节，代表武帝解开了他的双手，烧毁棺材，送他上京都洛阳。收集吴国的地图户籍，取得四州，四十三郡，三百一十三县，五十二万三千户，三万二千吏，二十三万兵，男女共二百三十万口。吴国原来任命的州牧郡守以下的官吏，都继续留任，废除了孙皓繁琐残酷的政令，宣布了简便易行的措施，吴国百姓十分高兴。

夏季四月二十九日，武帝颁发对已判刑囚犯的减免令，更改年号，特别准许民间举行五天的集会饮宴，来表示欢庆，赈恤孤寡老弱、贫困穷苦的人。河东、高平下降冰雹和雨，伤害和秋季作物。武帝派遣兼侍中张侧、黄门侍郎朱震，分别出使杨、越地区，抚慰刚刚归顺的百姓。白麟出现在顿丘境内。三河、魏郡、弘农下降冰雹和雨，伤害了隔年才成熟的麦苗。

五月二十五日，武帝赐孙皓爵位为归命侯，任命他的太子孙瑾担任中郎，其余的儿子任郎中。吴国德高望重的人，根据他们的才能，任命相应的官职。孙氏在交战中阵亡的高级将领，他们的家属搬迁到寿阳县居住；将吏渡江北来定居的，免除十年的租调徭役，百姓和各种工匠，免除二十年。

六月十一日，武帝来到殿前，举行盛大的朝会，并引孙皓上殿，众大臣都高呼万岁。十二日，在太庙中进献酃渌美酒。有六郡国遭遇雹灾，伤害了秋季农作物。十五日，武帝诏令凡士兵中年龄在六十岁以上的人，都免去徭役，回归家中。二十五日，任命王浚为辅国大将军、襄阳县侯，杜预当阳县侯，王戎安丰县侯，唐彬上庸县侯，贾充、琅邪王司马伷以下人员，都增加封邑。与此同时，评论功绩，进行封赏，分别不同等次赐予公卿以下人员的绢帛。

二十二日，初次设置翊军校尉官职。复封丹水侯司马睦为高阳王。二十九日，东方夷族有十国归附。

秋季七月，叛虏轲成泥入寇西平、浩亹，杀晋督将以下三百多人。东方夷族有二十国入朝贡献。初五，调尚书魏舒任尚书右仆射。八月，车师前部国王派遣儿子入侍武帝。初五，武帝分封弟弟司马延祚为乐平王。三条白龙出现在永昌境内。

九月，众大臣由于天下统一，多次请示到泰山举行祭祀天地的典礼，武帝谦让，没有允许。

冬季十月初四，废除家中养育五个女儿免除租调徭役的法令。十二月十五日，广汉王司马赞去世。

三年春季二月，淮南、丹杨发生地震。三月十五日，安平王司马敦去世。分别不同等次，将俘掠的吴国人口赏赐王公以下人员。武帝下令挑选原孙皓的妓妾五千人，进入后宫。东方夷族有五国入朝贡献。

　　夏季六月，东方夷族五国归顺。有十六郡国下降冰雹和雨，大风吹倒树木，毁坏百姓的房屋。江夏、泰山发生水灾，漂流居民三百多家。

　　秋季七月，上党又遭暴风、冰雹大雨袭击，毁坏了秋季作物。八月，彗星出现在张宿星区。

　　冬季十月，鲜卑族的慕容瘣入寇昌黎郡。

　　十一月二十五日，大司马陈骞去世。彗星出现在轩辕星区。鲜卑族入寇辽西郡，平州刺史鲜于婴讨伐，打退了这次侵扰。

　　三年春季正月初一，撤销秦州建制，与雍州合并。十八日，调尚书令张华出任都督幽州诸军事。

　　三月，安北将军严询在昌黎地界，打败了鲜卑族慕容瘣，鲜卑死伤数百人。

　　夏季四月二十五日，太尉、鲁公贾充去世。

　　闰四月初一，司徒、广陵侯李胤去世。

　　五月初九，二条白龙出现在济南境内。

　　秋季七月，废除平州、宁州刺史每三年一次入朝奏事的制度。

　　九月，东方夷族有二十九国归服，贡献他们的特产。吴国原将领莞恭、帛奉起兵反叛，攻陷建邺县城，杀了县令，竟然

88

围攻扬州；徐州刺史嵇喜讨伐，平定了这次叛乱。

冬季十二月十三日，调司空、齐王司马攸任大司马、督青州诸军事，镇东大将军、琅邪王司马伷任抚军大将军，汝南王司马亮任太尉，光禄大夫山涛任司徒，尚书令卫瓘任司空。二十五日，武帝诏令国内水灾、旱灾特别严重的地区，免交田租。

四年春季二月十四日，调尚书右仆射魏舒任尚书左仆射、下邳王司马晃任尚书右仆射。戊午，司徒山涛去世。

二月十九日，武帝分封长乐亭侯司马寔为北海王。

三月初一，发生日蚀。十四日，大司马、齐王司马攸去世。

夏季四月，任城王司马陵去世。

五月初一，大将军、琅邪王司马伷去世。改封辽东王司马蕤为东莱王。

六月，增加九卿官职的礼遇与品秩。牂柯境内的獠族二千多部落归顺。

秋季七月十四日，调尚书右仆射、下邳王司马晃出任都督青州诸军事。二十八日，兖州洪水成灾，免去灾区百姓的田租。

八月，鄯善国王派遣儿子入侍，武帝赐给归义侯的封号。任命陇西王司马泰担任尚书右仆射。

冬季十一月二十二日，新都王司马该去世。高尚书左仆射魏舒担任司徒。

十二月初五，武帝在宣武观大规模地检阅军队。

这一年，河内郡以及荆州、扬州水灾严重。

五年春季正月初四，青龙二条出现在武器库内的井中。

二月初二，封南宫王的儿子司马祐为长乐王。二十八日，发生地震。

夏季四月，任城、鲁国的池水色红如血。五月十三日，宣帝庙的大梁折断。

六月，初次设置奉皇帝诏令关押犯人的黄沙监狱。

秋季七月十六日，武帝的儿子司马恢去世。任城、梁国、中山下降雨和冰雹，损坏了秋季农作物。减少征收天下户调的三分之一。

九月，南安地区遭受风灾，吹断了树木。有五郡国发生严重的水灾，降霜成害，损伤了秋季农作物。

冬季十一月十四日，太原王司马辅去世。

十二月初十，武帝发布对已判刑罪犯的减免令。林邑、大秦国分别派遣使臣来朝贡献。

闰十二月，镇南大将军、当阳侯杜预去世。

六年春季正月初一，因连续几年农业欠收，免除了百姓所欠田租、债务中的旧帐。初九，调征南大将军王浑任尚书左仆射、尚书褚䂮都督荆州诸军事。

三月，有六郡国遭遇霜灾，桑树和麦苗受损。

夏季四月，扶南等十国来朝贡献，参离四千多部落归附。有四郡国发生干旱，十郡国洪水泛滥成灾，毁坏了百姓的房屋。

秋季七月，巴西地区地震。

八月初一，发生日蚀。武帝下令减少征收百姓三分之一的绵绢。有白龙出现在京兆郡内。调镇军大将军王浚任抚军大将军。

九月二十一日，山阳公刘康去世。

冬季十月，南安境内发生山崖滑坡，地下水从中流出。南阳郡捕捉到只有两只足的野兽。龟兹、焉耆国王派遣儿子入侍武帝。

十二月初一，武帝在宣武观大规模地阅军，历经十天结束。十七日，抚军大将军、襄阳侯王浚去世。

七年春季正月初一，发生日蚀。初二，武帝下诏令说："近几年来，自然灾害和怪异现象多次出现，日蚀发生在正月初一，地壳震动，山崖滑坡。国家治理得不好，责任完全在我一人。公卿大臣每人都密封上书，尽你们所知，讲出灾异多次出现的原因，不要有任何隐瞒或忌讳。"

夏季五月，有十三郡国发生旱灾。鲜卑族慕容瘣入寇辽东。

秋季七月，朱提出现山崩；犍为发生地震。

八月，东方夷族有十一国归顺。京兆发生地震。

九月二十九日，骠骑将军、扶风王司马骏去世。有八郡国发生严重的水灾。

冬季十一月初四，武帝任命陇西王司马泰都督关中诸军事。

十二月，武帝派遣侍御史视察遭受水灾的各郡国。释放后宫女官才人、歌妓舞女以下二百七十多人，各回自己的家中。初次颁发大臣服满三年丧礼的制度。二十一日，河阴地区下降赤雪，面积达二百亩。

这一年，扶南等二十一个国家、马韩等十一个国家派遣使臣，来朝贡献。

八年春季正月初一，发生日蚀。太庙大殿下塌。

三月十九日，临商观发生地震。

夏季四月，齐国、天水降霜成灾，损害了麦苗。

六月，鲁国发生严重风灾，吹倒了树木，毁坏了百姓的房屋。有八个郡国又出现了严重的水灾。

秋季七月，前殿的地面下陷，深达几丈，其中发现有埋在下面的破船。

八月，东方夷族有二国归顺。

九月，改建太庙。

冬季十月，南康郡的平固县县吏李丰反叛，聚集同党围攻郡县，自称将军。

十一月，海安县的县令萧辅，聚集徒众反叛。

十二月，吴兴郡人蒋迪，聚集党徒反叛，围攻阳羡县。州郡发兵捕捉讨伐，全部判处死刑。南方夷人扶南、西域的康居等国，分别派遣使臣，来朝贡献。

这一年，有五郡国发生了地震。

九年春季正月初一，发生日蚀。武帝下诏书说："振兴教化的根本，在于政治清明，讼事平允及时，地方官吏不去多方体恤百姓的疾苦，却任意凭借私人的恩怨，制造扩大狱讼；又大多贪残污浊，扰乱百姓。当敕令刺史、郡守，纠察那些贪赃枉法的人，推荐那些公正清廉的人，有关部门讨论他们的罢黜或升迁。"又要求中央、地方各级官吏，荐举清廉有才能的人，提拔出身微贱的人。长江东岸的四郡发生地震。

二月，尚书右仆射、阳夏侯胡奋去世，调尚书朱整任尚书右仆射。

三月初七，杨皇后在洛阳城西的郊外，举行亲身蚕事的典礼，分别不同等次赏赐绢帛。二十二日，初次将春季祭社和秋季祭社合并为春季祭社。

夏季四月，长江南岸有八郡国发生地震；陇西郡降霜成灾，伤害了越冬麦苗。

五月，义阳王司马奇触犯刑律，削爵为三纵亭侯。武帝诏令中央、地方各级官吏推荐能胜任郡守、县令职事的人才。

六月初一，发生日蚀。改封章武王司马威为义阳王。有三十二个郡国发生严重旱灾，损害了麦田。

秋季八月十四日，陨石坠落有如雨点。武帝下令郡国将判处五年以下刑期的囚犯马上结案发遣，不要滞留各种讼事。

九月，东方夷族有七国到东夷校尉府归顺。二十四个郡国发生螟灾。

冬季十二月初七，分封河间平王司马洪的儿子司马英为章武王。十二日，青龙、黄龙各一条出现在鲁国境内。

十年夏季四月，由于京兆太守刘霄、阳平太守梁柳办事有方，成效卓著，分别赏赐稻谷一千斛。有八郡国发生霜灾。太庙改建完成。十一日，迁徙死去祖先的牌位进入新建的太庙，武帝在道旁亲自迎接，并举行祭祀远祖、近祖的典礼；颁布对已判刑罪犯的减免令，文武百官增加爵位一级，参加修建太庙的增加二级。十三日，尚书右仆射、广兴侯朱整去世。十九日，崇贤殿发生火灾。

五月，鲜卑族慕容廆归降，东方夷族有十一国归顺。

六月初七，山阳公刘瑾去世。又恢复分别设置春季祭社与秋季祭社。

冬季十月二十一日，改封南宫王司马承为武邑王。

十一月丙辰，代行尚书令、左光禄大夫荀勖去世。武帝疾病初愈，赏赐王公以下人员的绢帛，各有不同等次。含章殿练武的鞠室发生火灾。

二十三日，武帝任命汝南王司马亮担任大司马、大都督、假黄钺。改封南阳王司马柬为秦王、始平王司马玮为楚王、濮阳王司马允为淮南王，都授予假节的权力，去到各自的封国，并分别统率封国所在地附近数州的军事。分封儿子司马乂长沙王、司马颖为成都王、司马晏为吴王、司马炽为豫章王、司马演为代王，孙子司马乂广陵王。又分封濮阳王的儿子司马迪为汉王、始平王的儿子司马仪为毗陵王、汝南王的次子司马羕为西阳公。改封扶风王司马畅为顺阳王、畅的弟弟司马歆为新野公、琅邪王司马觐的弟弟澹为东武公、繇为东安公、漼陵公、卷为东莞公。各王国的属官相，改名内史。

二十九日，太庙的大梁折断。

这一年，东方夷族僻远的三十多个国家、西南方夷族的二十多个国家，来朝贡献。叛虏奚轲率男女十万人归降。

太熙元年春季正月初一，更改年号。初九，调尚书左仆射王浑任司徒、司空卫瓘任太保。

二月十二日，东方夷族有七国入朝贡献。

三月初五，调右光禄大夫石鉴任司空。

夏季四月十二日，调侍中、车骑将军杨骏任太尉、都督中外诸军、录尚书事。二十日，武帝在含章殿逝世，时年五十五岁，葬在峻阳陵地，庙号世祖。

武帝度量宏大，待人厚道，一切事情都本着仁恕的原则办理，能容纳直言正论，从不以粗暴的态度待人；明智通达，长于谋略，能断大事。所以，能够安定各方，平定天下。继魏国奢侈苛刻的风气之后，百姓怀念过去古朴的风尚，武帝就用恭敬节俭原则来加以督促，用清心寡欲思想来加以劝导。有关部门曾经上奏宫中的牛青丝鼻绳断了，武帝命令用青麻绳代替它。当朝处理政事能宽容，法令制度有常规。高阳许允被文帝司马昭处死，允的儿子许奇担任太常丞。武帝将要在太庙中行事，朝臣议论因为许奇出身在遭受过打击的家庭，不想要他接近武帝，请求将他调离太常府，出外任长史。武帝追述许允旧日的声誉，夸赞许奇的才能，反而提拔他担任了祠部郎，当时的舆论都赞扬武帝有公正豁达的气度。平定吴国以后，天下太平，于是对施政方略产生了厌倦，沉溺于游荡宴乐的生活之中，放纵偏爱皇后家族，亲近并优待当朝权贵，经验丰富的老臣宿将，得不到信任和重用，典章制度遭到破坏，请托徇私公开流行。到了晚年，明知惠帝司马衷不能承担大任，但是仗持孙子司马遹天资聪颖，智力过人，所以没有另立太子的打算。又考虑到司马通不是贾后亲生，担心最终会导致危机，于是便和亲信共同商议死后的保证措施。出主意的人说法不一，长时间又下不了决心，最后采用了王佑的谋划，派遣太子司马衷的弟弟秦王司马柬都督关中，楚王司马玮、淮南王司马允同时出镇要害的地方，来增强皇室司马氏的力量。又担心皇后杨氏的逼迫，再任命王佑作北军中候，来统率保卫皇帝的禁军。不久，武帝卧病不起，不见好转，渐渐进入危重，缔造晋国的功臣，都已先后死去，文武百官惶恐不安，也不知该怎么办才好。适逢武帝的病情稍稍缓了过来，有诏令任命汝南王司马亮辅佐朝政，又想在朝臣中挑选几位名声好、年纪轻的人协助司马亮辅政；杨骏隐藏诏令，并不公布。武帝转眼间又迷糊错乱，杨皇后趁机拟诏，任命杨骏辅佐政务，催逼司马亮马上出发，到镇赴任。武帝一会苏醒，询问汝南王司马亮来了没有，示意想见他，有重要的事情向他交代，身边的人回答没有到，武帝便进入了昏迷垂危的地步。朝廷内部的动乱，概源于此。

右军才气世所夸——王羲之

　　王羲之字逸少，是司徒王导的堂侄。幼时语言迟钝，别人也并不认为他有什么特异之处。在他十三岁时，曾经去拜访周顗，周顗审视他后，对他很感惊异。当时宴客很重视烤牛心这道菜，宴会开始时，其他客人还没尝这道菜，周顗首先切给王羲之吃，从此王羲之开始知名。他成年以后，富于才辩，以耿直著称，尤长于楷书，是古往今来的佼佼者，人们评论他的运笔气势，以飘忽如浮云，矫健如惊龙来形容。他深受堂伯父王敦、王导的器重。当时陈留人阮裕名声很重，在王敦手下任主簿。王敦曾对王羲之说："你是我们家的优秀子弟，应不次于阮主簿。"阮裕也认为王羲之和王承、王悦是王家的三位优秀青年。当时太尉郗鉴派他的门客去王导家选择女婿，王导让这位门客去东厢房挨个相看他的子侄。这位门客回去后，对郗鉴说："王家的小伙子们都很好，但是当他们得知我是选女婿的，一个个都一本正经的，只有一个人在东床上敞着怀吃饭，好像不知此事。"郗鉴听了以后，说道："这个人就是我要选的好女婿啊！"一打听，原来他就是王羲之，于是就把女儿嫁给他。

　　王羲之初任官为秘书郎，征西将军庾亮聘请他为参军，历升至长史。庾亮临死前，向朝廷上奏，称赞王羲之品行清高且有鉴识。后来升任宁远将军、江州刺史。王羲之在少年时就有很好的名声，朝廷上的公卿贵官都很爱重他的才具，多次征召他任侍中、吏部尚书，他都不干。又任他为护军将军，他又推拖不接受。扬州刺史殷浩一向敬重他，劝他接受任命，给他写信说道："很多人都以你的进退来考察国家政事的兴衰，我们这些人也是这样。你的进退关系到国家的兴衰，怎么能不顾一代兴亡，只顾满足自己的心意呢？希望你细心体察众人的心意。你若不应时任职，国家哪有善政可言呢？你如果豁然想通了，就能够体验到众人的心意所向了。"王羲之写信回答说："我一向无心在朝廷上任职，王丞相在位时就坚持让我在朝廷任职，

我誓不答应，那时我写的书信手迹尚在，可见我的这种志向由
来已久，并不是你参政之后我才不愿任职的。自从儿子娶妻、
女儿出嫁之后，我就立志学尚子平那样隐居不仕，也曾多次向
亲朋知己说过，并非一天两天的事了。承您不弃。如果想任用
我的话，即使是关陇、巴蜀地区，我也在所不辞。我虽然不具
备应对朝廷事务的才能，但能忠于职守，宣扬国威和德政教化，
所起的作用，自当不同于一般的使臣，一定让远近的百姓们都
知道朝廷对他们并不见外，这样给国家带来的好处，比起护军
将军一职所起的作用，就大不相同了。汉代末年曾派大傅马日
磾去安抚关东，若不嫌我身份低微，对我的能力无所怀疑的话，
最好在初冬时节赴任，我恭敬等候。"

　　王羲之被任为护军将军后，又再三要求去宣城郡任职，朝
廷不答应，于是任他为右军将军、会稽内史。当时殷浩与桓温
二人不和，王羲之认为国家的安定在于朝臣和外官的和衷共济，
因而给殷浩写信，进行劝戒，殷浩不听。在殷浩要北伐的时候，
王羲之认为必败无疑，便写信劝止，言词恳切。殷浩最终还是
出征了，果然被姚襄打得大败。殷浩想再次北征，王羲之又写
信给他说：

　　得知安西将军谢尚失败的消息，国家和我本人都为之痛惜，
时刻不能忘怀。小小的江左地区，竟治理成这样，使天下人为
之寒心，已非一朝一夕，再加上这次失败，这真应该认真地加
以研究。过去的事已无法挽回，希望筹划开拓未来的方略，让
天下百姓有个安身立命之地，以此成就中兴的大业。治理政事，

道义是成功的关键，行政宽容和谐是根本，一味以武功取胜，这样做是不应该的，遵循以道义取胜的原则，以此来巩固大业，我想您会清楚其中的道理。

战乱以来，掌管朝廷和地方大权的人，没有深谋远虑、锦囊妙计，而一味损耗百姓，各逞其志，结果竟无一功可论，一事可记，忠正的言论和好的策略摈弃不用。致使天下将出现土崩瓦解之势，怎么能使人不痛心疾首、悲愤万端呢！当事者又怎么能推脱使天下陷于混乱的罪责呢？追究过去的罪责，又能起什么作用？应该改弦更张，虚心求取贤人，和有识之士共同商订大计，不能再出现忠正言论屈服于当权者个人意志那样的局面了。现在军队在外失败，国内物资耗尽，保住淮河一线的想法已经无力做到，不如退保长江一线，都督将领各回旧镇，长江以北各地，只是维持现有局面而已。掌握国家大权的人，应引咎自责，应自行贬降，向百姓谢罪，一改过去的作法，和朝廷的贤能臣僚制订平稳的政治措施。废除那些繁苛规定，减轻百姓的赋役负担，和百姓一起重新做起，这样差不多能满足百姓的希望，把他们从艰难困苦中解脱出来。

刺史大人您出身于平民百姓，担当国家的重任，在推行德政方面，没有做到事事妥当，您身为统帅而遭到这样的失败，恐怕朝廷上的贤能之士没有人肯分担这个责任的。现在应赶快推行德政，以弥补过去的失误，广招贤能之士，和他们分担责任，即使这样做，还不能断定能否达到预期目的。如果您认为以前做得还不够，因而再去追求不合时宜的东西，天地虽然这样广大，还有您立足之地吗！我明白我说的话您一定不听，反而会招致您的怨恨，但是我在这个问题上感触很深，因而不能不尽情陈言。如果您一定要率兵出征，不明白这个道理而贸然行动，我实在无法理解。希望您再和其他人共同斟酌。

又接到州衙的命令，让会稽增运军粮一千石，征调军粮和劳役同时进行，又都限定军事需要的时间，面对这一切，灰心丧气，不知所措。一年以来，剥夺黎民百姓，其恶果是罪徒满路，这和秦始皇时的虐政相差无几，只不过还没有实行灭三族的刑罚罢了，我担心陈胜、吴广那样的灾难，过不了多久就会发生。

王羲之又向会稽王上书，陈述殷浩不应北伐的道理，并论及政事，说道：

古人因其君主没有成为尧舜那样而感到羞耻，做臣子的人，哪有不希望他所侍奉君主受到尊崇，可以和前代圣君贤主比美，何况现在又是千载难逢的大好时机呢？但是现在的才智和力量都比不上当年，又怎能不根据轻重情况的不同而妥善处理呢？现在虽然有令人高兴的事，但是反躬自问，令人忧愁的事多于令人高兴的事。经典说得好："若不是圣人治理天下，外面虽然显得安宁无事，必有重重的内忧。"现在的情况是，外边既不安宁，内忧却更深重。古代能成就大业的人，有人或许不依靠大家的智谋，而能尽全国的力量建立一时功业的，也往往不乏其人。那是因为个人的智谋确实足以超过众人，用国家暂时的困苦能获得一劳永逸的结果，只有这样的人，才能做到这一点。用这个标准衡量现在的人，能与古人相比吗？

要使朝廷必胜，一定要仔细衡量敌我双方的情况，具备万全之策方能行动。成功之后，就应利用当地的民众和实力扩充自己的力量。现在成功还没有把握，但是饱经战乱之后的幸存者也会被奸灭殆尽，无所剩留。再说从千里之外运送军粮，这是自古以来的一大难题，何况现在要转运供给，向西运往许昌、洛阳，向北运过黄河。就是秦朝的弊政，也没有达到这样的程度，那么十家九空的忧患，便会接踵而至。现在从事转运的人没有归还日期，各种征调又日重一日，仅以小小的吴越地区，维系天下十分之九的军需，不灭亡还有什么结局呢！而又不量力而行，不失败不停止，国内的人因此而痛心悲叹，但没有人敢说真话。

过去之事，说也没用，未来的事情还可以加以补救，希望殿下您能考虑再三，改弦更张，下令殷浩、荀羡回师据守合肥、广陵，许昌、谯郡、梁、彭城等地的驻军都回师把守淮河一线，建立起不可战胜的根基，等根基牢固形成攻势，再出兵征伐，也为时不晚，这确实是在当前形势下最高明的策略。如果不这么做，国家的灾难就会不日而至。掌握安危变化的关键，易如反掌，考察国家的虚实，形势就明摆在眼前，希望殿下英明决断，迅速决定。

我的地位低下，而谈论国家的重大问题，我怎不知这是很难的事情？但是古人或身为平民百姓，或是军阵中的士卒，他们尚且为国家出谋划策，决策者并不因此讥笑他们，况且我身居大臣之末位，怎能沉默不语呢！在关系到国家存亡的关键时刻，决定了就去实行，决不能犹豫不定延误时机，这时不作出决断，后悔可就晚了。

殿下您德高望重，国内人心所归，以皇室贵胄辅佐朝廷，您最有条件地去直说直做，使国家出现当年那样兴盛局面，但是您的作为并不像人们期望的那样，这使我这个受您器重的人为之终夜兴叹，我真替您感到可惜。国家陷于深度的灾难之中，我时常担心，伍子胥的忧虑不仅是古代的悲剧，麋鹿出没的地方不只是山林水泽这样的地方。希望殿下您暂时摈弃那些清虚玄远不切实际的追求，解救国家的危难，这可以说在败亡的危局中奋力图存，转祸为福，这是国家的大幸，四海的百姓也有所依赖了。

当时东部地区发生灾荒，王羲之赈灾。但是朝廷征发的赋税徭役仍很繁重，吴郡、会稽一带尤其严重，王羲之多次上疏力争，往往被朝廷采纳。他又给尚书付射谢安写信说：

近来我陈述的意见，常常被您采纳，因此令下之后，百姓们可以稍微休养生息，各务其本业。如不是这样，这一郡百姓都跳东海喂鱼了。

现在大事还没有安排的，漕运就是其中之一。我的意见是，希望朝廷下达规定的期限，交有关部门办理，不要再催逼下层，只是到年底考核成绩的好坏就行了。主管官员的成绩最差的，派囚车把他送交朝廷治罪。如果有三个县完不成任务，郡守一定要免职，有的可以降级使用，让他到边远艰苦地区任职。

再者，从我到此，助手常常有四五个人，加上上司衙门以及都水御史行衙的文件之多，象雨点般下发，其中颠倒错误，互相抵触，不知有多少。我只能闭着眼睛按常规办理，推给下面，只是拣重要的事交主簿办理，一般的则交下面机构办理。主管人到任，还不到十天，官吏和百姓来回奔走，费用以万计数。您正担任重要职务，您可以认真地考虑一下我所说的情况。在平时，江左地区，扬州只用一位称职的刺史就足以把政事统理的井井有条，现在有一群有才能的人来治理，反而没有治理好，只因为法令不一，多方牵制。我认为，用简而易行的办法，便足以守住已有的成就。

仓库监督官耗费、盗窃官米，往往数以万计，我认为杀掉一人，便能断绝这种弊端，但是当权的人不同意。近来检查各县，都是这样。馀姚县被耗盗官米十万斛，向百姓收取重税，却用来肥了贪官污吏，致使国用缺乏，真可叹啊！

自从有战事以来，各种征调徭役以及担任转运军粮的人，死亡叛乱散逃回不了原地的人很多，百姓们被损耗到这种程度，国家仍照常规，抽人补充代替，因此，各地都被弄得凋弊困苦，谁也不知该怎么办。被长官遣派出去的人，上路以后，多数叛逃，于是监送的官吏也和叛逃的人一起逃跑了。按照常规，就让叛逃者的家属和邻里负责追捕。追捕不到人，家属和邻里接着也叛逃而去。百姓流离逃亡，户口日见稀少，原因就在这里。另外，各种工匠和医生，或死或逃，家家空无一人，没有人代替他们的差役，但是上司还不断催促，这种情况已延续了十年或十五年，尽管官吏不断遭到弹劾而获罪，但于事无济，这样下去，老百姓怎么能承受！我认为从现在开始，各种减死的罪犯以及判五年徒刑的罪犯，可以补充逃亡人户的亏缺，减死罪犯可长期服兵役，判五年徒刑的罪犯可以充当各色工匠医生，把他们的家属也迁来，以充实城市。城市得到充实，这是行政的根本，又可以杜绝逃亡事件的发生。如不把他们的家属迁来，逃亡之患仍将和以前一样重演。现在免除他们服刑而充当杂役，又把他们的家属迁来，小民愚昧无知，有的人可能认为这种惩罚比杀头还严重，因而可以杜绝奸恶。惩罚虽然看起来很轻，但惩办的性质却很严重，这难道不是适合现时需要的措施吗！

王羲之平常喜欢服丹食药，涵养性情，不喜住于京城，他刚渡过浙江，便产生终身住在这里的想法。会稽有秀丽的山水，很多名人都生活在这里，谢安在做官以前也住在此地。孙绰、李充、许询、支遁等人都以文章名满天下，都在江东一带构筑别墅，和王羲之志趣相投。他曾和这些志趣相投的人在会稽郡山阴县的兰亭聚集宴饮，王羲之亲自撰文表达他的志趣，文章说：

永和九年，这年的干支为癸丑，在暮春三月上旬，众人会集在会稽郡山阴县的兰亭，采兰游戏，以驱除晦气。高人贤士们都到了，老老少少聚集在一起。这里有高山峻岭，茂密森林，修长的竹子，又有清澈见底的小溪。小流湍急，萦绕如带，利用溪水漂流酒杯，取以饮酒，人们依次坐在岸边。虽然没有乐队助兴的盛大场面，然而一边喝酒，一边吟诗，也足以尽情抒発幽雅的情怀。

此日，晴空万里，空气清新，暖风轻拂，令人心胸舒畅，仰头纵眼望去，宇宙是如此广大，低头细察，万物是如此繁盛，这样放眼纵观，敞开胸怀，耳目得到极大的享受，确实是赏心悦目之事啊！

人们在互相交往中，很快就度过一生。有的人互相敞开胸怀，在一室之内促膝畅谈；有的人寄情于万物，放浪不羁，忘记了自身的存在。虽然他们对人生的追求千差万别，性格或恬静或躁急各不相同，但是他们对自己的境遇感到满意的时候，即使是暂时的称心，他也会痛快满足，从而忘记了老年即将到来。一旦对所追求的东西感到厌倦，心情随之发生变化，无限的感慨也随之而来了。以前曾为之高兴的事情，顷刻之间，已成为过眼烟云，因而不能不引起无限感慨。况且人的生命的长短，听命于自然，最终是要完结的。古人说："人的生和死，也是大事情啊！"这怎么能不引起无限伤痛呢！

考察古人产生感慨的原因时，发现竟都如出一辙，我面对书卷，不能不感慨悲叹，弄不明白这究竟是为什么。我当然明白，那种认为生死如一、寿灭相同的说法是虚假荒诞之词，后世的人考察今天的人和事，也就像今天的人考察古代的人和事一样，想来真让人悲伤！因此我逐一记下参加集会人的姓名，并录下他们所作的诗文。后世和今天，虽然时代不同，人事各异，但引起人产生感慨的原因，却是一致的。后世的读者，读了我这篇文章也将会产生感慨的。

105

有人拿潘岳的《金谷诗序》和王羲之这篇文章相比，把王羲之和石崇相比，王羲之听了很高兴。

王羲之平素喜欢鹅，会稽有个老妇饲养了一只鹅，叫声很好听，王羲之要买下这只鹅，但没有买成，于是他带着亲友前去观看。老妇听说王羲之要来。把那只鹅宰了煮熟来招待他，王羲之为此整日叹惜。又有个山阴县道士饲养了一群好鹅，王羲之前往观看，非常高兴，执意要买下。道士说："你替我抄写一部《道德经》，我把这一群鹅送给你。"王羲之欣然命笔，写完之后，把鹅用笼子装起来带回，满心高兴。王羲之就是这样真诚坦率。有一次他到他门客家里，看到桌面光滑干净，就在上面写满了字，一半是楷书，一半是草书。后来门客的父亲没注意把字刮掉，那位门客为此懊丧了好几天。王羲之又曾在戴山看到一个老妇，手拿六角竹扇叫卖，王羲之在她的竹扇题了字，每把扇子上五个字。老妇人起初是满脸怒气，他对老妇人说："您只说这是王右军的书法，每把扇子可要价一百钱。"老妇人按着他的话去卖，人们竞相购买。又一天，老妇人又拿来扇子求王羲之书写，王羲之笑而不语。他的书法被世人珍重，都和这事一样。他经常自称："我的书法同钟繇相比，可以说是并驾齐驱；比起张芝的书法，应该说仅在其次。"他曾给人写信说："张芝在池塘边练字，洗笔把池水都染成黑色，别人如果能这样入迷，未必赶不上他。"王羲之的书艺，开始时不如庾翼、郗愔，到他晚年，书艺才达到精妙的境界。他曾用章草体给庾亮写回信，庾翼看到，深为佩服，因而给王羲之写信说："我过去曾收藏张芝的章草十幅，过江南渡时颠沛流离，于是遗失了，常为这样精妙的书法绝迹而感叹。忽见您给家兄写的回信，书法美妙入神，好像张芝的书迹又呈现在面前。"

当时骠骑将军王述，与王羲之齐名，但王羲之很看不起他，二人不大合得来。王述先前曾在会稽任职，因母亲逝世，回会稽郡境内守孝，王羲之接替王述的职务，只去吊唁了一次，就没有再去。王述每次听到吹角声，认为是王羲之来问候自己，于是洒扫庭院来等待，一连几年，王羲之竟然没有来看他，王述因此非常怨恨。后来王述被任为扬州刺史，将要赴任时，在会稽郡内走了一圈，却不却见王羲之，临走时，才去告别了一下。在此之前，王羲之常对他的宾朋们说："王述只是个做尚书的材料，到老可能得个仆射的职位。他得到会稽内史的职位，就飘飘然了。"当王述被任为大官，王羲之作为王述的下属，感到羞耻，便派人去京师，请求朝廷把会稽郡分出来设立越州，派去的人言词失妥，深受当时贤明人士的讥笑。事后王羲之内心惭愧，满腹感慨，对他的儿子们说："我不比王述差，而职位相差悬殊，或是由于你们不如王坦之（王述子）的缘故！"后来王述查考会稽郡的政事，当问及刑狱的情况时，主管官员疲于回答问题，被弄的狼狈不堪。王羲之对此深感羞耻，于是称病离开会稽郡，来到他父母的坟前发誓说："在永和十一年三月（癸卯日是初一）九日辛亥，儿子王羲之敬告二老在天之灵。羲之生来不幸，很早父亲去世，未得到父亲的教诲。母亲和哥哥的扶养，使我慢慢长大成人，因人材缺乏，才得到国家的职位。我在职任上在忠孝方面没有建立名节，退职之举又违背了荐贤而代的道义，每当我诵读老子、周任的告诫，常担心一旦失身死去，辱及祖宗，哪里仅仅是自身的事呢！因此我昼夜叹息，像坠入万丈深谷。知足而止，现在就作出决定。恭敬地在这月的吉日良辰摆设筵席，向祖宗叩头行礼，满怀诚心，在二老灵前发誓：从今以后，如果我胆敢变心，贪图禄位，投机进身，那我是无视父母的不肖之子。作为儿子而不肖，是天地所不容、礼教所不齿的。誓言出自诚心，就像白日在天一般！"

王羲之离职以后，和吴郡、会稽一带名士，尽情游览山水、捕鸟钓鱼，娱乐身心。他又和道士许迈一起练丹服药，为采集药石不远千里，遍游东部各郡，遍访名山大川，泛舟东海。他感叹道："我最后会死于纵情游乐。"谢安曾对他说："我中年以后，因喜怒哀乐伤害了身体，和亲友离别，就会好几天心情不好。"王羲之说："人到晚年，自然如此，刚要想听听音乐来陶冶情操，又常常担心儿子们发觉，对欢乐情绪有所影响。"朝廷鉴于他发了绝誓，就不再征召他作官。

当时刘惔任丹杨尹，许询曾在刘惔处借宿，床帐被褥都新鲜艳丽，饮食也十分丰盛，美味俱全。许询说："如果能保持这样的生活，比在东山强多了。"刘惔说："你如知道吉凶祸福是由人们的行为决定的，我哪能保证永远过这样的生活。"王羲之当时在坐，说道："如果巢父、许由遇上稷、契，不会说这种话。"说得许询和刘惔二人都脸有愧色。

　　王羲之离官初期，优游无所事事，他给吏部侍郎谢万写信说：

　　古代逃世隐居的人，有的披乱头发装疯卖傻，有的满身污垢，也够艰难的了。现在我安坐优逸，实现了当初的愿望，实为大幸，这难道不是上天赐予的吗！违背天意是不会有好结果的。

　　前些时东游归来，种植桑树果树，现在长得茂盛，鲜花盛开，我带领儿子们，怀抱小孙孙，在桑果林中游玩，摘得好吃的果子，切开分吃，享受眼前的欢乐。虽然我的道德修养不深，仍想以敦厚退让教育子孙。如果子孙有轻薄举动，就罚他用马鞭子去清点马匹，效法古代万石君的风范，你认为这样做怎么样？

　　近来将要和谢安石东游山海，同时到田野考察收成情况，以此来打发闲暇时光。除衣食之外的剩余，想和知心朋友时时进行欢宴，虽不能吟诗作赋，但举杯痛饮。讲讲田野里的所见所闻，以此来作为谈笑之助，这种得意的生活，言语是表达不出来的！我常常按照陆贾、班嗣、杨王孙等人的处世原则去作，很想学习他们的高风，我的志愿就全在这里了。

　　后来谢万任豫州都督，王羲之写信劝诫它，说道："以你豪迈不羁的次质，屈居群官之中，实在令人难以想象。但是所谓通达明智的人，也只能随事行止，这样才能达到远大的目标。希望您经常和下层官吏在生活上保持一致，那就完美无缺了。吃饭只有一道菜，睡席不用双层，这有什么，但古人却传为美谈。成功与否的原因，在于积小以成大，您要好好记住。"谢万没有采纳他的建议，后来果然失败。

王羲之五十九岁时去世，朝廷赠衔金紫光禄大夫。他的儿子们遵从他的生前本意，坚辞不受。

宋

书

《宋书》概论

　　《宋书》，南朝沈约撰，共一百卷，其中本纪十卷、列传六十卷、志三十卷，叙事自宋武帝永初元年，至宋顺帝升明三年（420～427），记刘宋六十年史事，成书草率，叙事又多忌讳，但保存史料较多，八志内容上溯三代秦汉，尤详于魏晋，可补《三国志》之缺。

一

　　《宋书》是记载南朝刘宋王朝八帝统治五十九年（420～479）的史书。《宋书》中的帝纪十卷用编年方法记述武帝、少帝、文帝、孝武帝、前废帝、明帝、后废帝、顺帝等皇帝时的大事，从武帝刘裕创业建立刘宋王朝开始，中经"元嘉之治"、宋魏和战直到萧道成代宋，可以说是刘宋一代兴亡的政治史。

《宋书》体裁包括帝纪、列传和志，没有"表"。南北朝各代正史都是沿用纪传体，当时人修史比较注意议论，因而志、表等形式运用得较少，只有《宋书》、《南齐书》和《魏书》有志。沈约自谓"修史之难，莫出于志"，对于志书的修撰，他是颇花费一番功夫的。早于他的何承天又精通天文、历法，沈约精于音律，《宋书》八志为人称道，也在情理之中。

《宋书》中的列传，主要是当时历史人物的传记，共有六十卷。其中的《恩幸传》和《索虏传》是以前没有的。所谓"恩幸"，据作者自己解释，是合《汉书》的《恩泽侯表》和《佞幸传》二者为一的。实际上，《宋书》的《恩幸传》与《汉书》并不相同。沈约所谓的恩幸，是当时的寒门。南朝重视门阀，以高门上品而居高位；出身寒微而为吏者，则入恩幸传。这是门阀制度由盛而衰的反映。《恩幸传》记载法兴、单尚之、戴明宝、徐爰等十五人的传略。《索虏传》创自《晋书》，用以记叙北魏事迹。北朝人多辫发，南朝人骂他们是索头虏，因而称其传为《索虏传》，含有轻蔑的意思。魏收出使江南，看到《宋书》有《索虏传》，于是在他所著的《魏书》中，把记南朝史事的篇目称为《岛夷传》。南北互相抵毁，这对于真实地反映历史情况，有害无益。由于南北分裂，双方对峙，《宋书·索虏传》的材料不够丰富，内容也有失实之处。关于北魏史事的详细记载可以参看《魏书》。

《宋书》中的八志是最富特色的，共三十卷，以卷数论，它不及列传的二分之一；以分量论，则几乎与纪传相等，占到全书的二分之一。自从班固《汉书》、司马彪《续汉书志》之后，今存史籍，惟《宋书》诸志资格最老。宋志不仅记刘宋一代制度，同时还上溯到曹魏时期，包括晋代。所以后来著名史家刘知几讥讽它"失于断限"。但宋志上括曹魏，使魏晋典章制度源流分明，对于保存史料，研究刘宋一代制度，有益无损。

《宋书》志目有八，在八志之前，有《志序》一篇，是诸志的总序。因其篇幅短小，未能独立成卷，置于《律历志》之前，因而有人将其误认为是《律历志》的序。《志序》首先概述了源流，再次阐述《宋书》八志的缘起。沈约一生为官，熟悉各种典章制度。志，是《宋书》的精华所在。

《宋书》志三十卷，《律历志》有上、中、下三卷，保存了许多有关律吕和历法的资料，有的全文收录，十分宝贵。《礼志》五卷，篇幅几乎为全志的三分之一。《乐志》四卷，记载魏晋及刘宋时期乐舞的沿革，其中也收录了流传在民间的乐舞，命名《乐志》的内容更加丰富，这是过去司马迁《乐书》和班固《乐志》所没有的，为后世《乐志》开创了新的方向。《天文志》四卷，保留了详尽的星变记录。《符瑞志》三卷，是《宋书》新增加的志目，记载灾异符瑞与人事的关系。《五行志》五卷，主要记述自然灾害。《州郡志》四卷，记地理沿革。《百官志》二卷，主要记述魏晋、刘宋的官制。

沈约《宋书》自撰成流传以后，历来有着不同的看法，有人认为《宋书》仅次于《史记》，有人则批评《宋书》繁芜，甚至不如裴子野《宋略》。的确，以刘宋偏安江淮短短五、六十年的历史，却撰成煌煌百卷的巨著，是有其繁芜之处，但还不是《宋书》的大毛病。最让史界所诟病的，是《宋书》的忌讳、回护和曲笔。势必把历史真相搞得黑白混淆，是非颠倒。篡夺说成"禅让"，已经成为朝代更替的习惯用语。"反""叛""功""义"，一切唯主子是从，全无是非标准。如宋汝阴王被废，乃萧道成遣王敬则逼杀，沈约却写道："天禄永终，禅位于齐。壬辰，帝逊位于东邸……建元元年五月己未殂于丹阳宫，时年十三，谥曰顺帝。"看不到半点篡夺杀戮的痕迹。并且凡是宋臣如沈攸之、袁粲等效忠于宋，谋讨萧道成者，一概称之为"反"；而如张敬儿等为萧道成党羽者，反而称之为"起义"。所以刘知几批评他，"舞词弄札，饰非文过"。取舍完全凭自己的臆想，奖惩恣意于笔端，这是作者的丑行，违反人伦，人神共忿。批评十分尖刻。清代史家赵翼也说，撰写刘宋的本纪，却将忠于刘氏的行为说成是反叛，为萧氏奔走出力的说成是忠义，这难道也是可以轻易载于史册的么?!

再者，《宋书》成书时间短促，有草率失检之处。《宋书》无食货、刑法和艺文三志是《宋书》的一大欠缺。尽管如此，沈约的《宋书》还是有其价值和长处的。

首先，《宋书》保存了丰富的史料。由于《宋书》为当朝人，当朝人记当朝史事，虽然不免有为当权者避讳和回护、曲笔的现象，但他们所接触的材料远比后世人所能接触的丰富得多。这表现在以下几个方面：

第一，《宋书》的帝纪和列传中，记载了当时阶级矛盾和社会矛盾的史实。如在《少帝纪》和《褚叔度传》中记载了富阳人孙洁光领导的农民起义；《文帝纪》和《蛮夷传》、《沈庆之传》、《张邵传》中记载了荆州、雍州、豫州地区的"蛮族"骚动等。另外，在帝纪和诸王列传中还揭示了刘宋统治集团的政治斗争，如"徐（羡之）、傅（亮）废位"，"太子劭弑逆"，"南郡王之反"，"竟陵王之叛"，"桂阳王之叛"等。

第二，《武帝纪》、《文帝纪》记载了宋初的改革和"元嘉之治"；《前废帝纪》和《后废帝纪》记载了宋末政治腐败的情况。《百官志》记载了晋宋时代特别是刘宋时期的政治制度。《州郡志》不仅记载了刘宋时代的地方行政机构的建置，同时还追溯了自魏晋以来南方地区州郡设置的变迁情况以及东晋刘宋时期南方侨置州郡的分布情况，对于研究这一时期的历史地理具有较大的史料价值。

第三，《宋书》虽然没有专门记载社会经济情况的《食货志》，但在一些列传中还是保存了一部分反映当时社会经济发展情况的史料。如在《羊玄保传》中提到"富强者兼岭而占，贫弱者樵苏无托"。可以窥见当时土地兼并的情况。《孔琳之传》、《范泰传》以及《何尚之传》中记载了关于改铸钱币的争议，从中可以了解到南朝初年货币铸造及货币经济的发展情况。《谢灵运传》和《孔秀恭传》记载了当时士族庄园别业，可以了解庄园经济的形态。等等。

第四，《宋书》列传和志书记载了不少有关当时科技发展的情况，如《何承天传》记载了天文家何承天在天文方面的成就，《律历志》记载了杨伟的《景初历》、何承天的《元嘉历》和祖冲之的《大明历》。《五行志》记载了日、月食，地震，水、旱灾情况。这些都是了解研究当时科技发展的重要史料。沈约在《谢灵运传》后所作的"论"，从屈原、宋玉讲起，一直叙述到魏晋以来文学的发展和演变，是文学批评史方面的重要文章。

第五，《蛮夷传》不仅记载了东晋和南朝南方各少数民族的生产、生活方式情况和诸少数民族与汉民族融合的过程，还在《索虏传》和《吐谷浑传》中叙述了北魏和吐谷浑的建国源流，可以补《魏书》的不足。此外，它还叙述了亚洲各国如天竺（印度、巴基斯坦）、扶南（柬埔寨）、师子国（斯里兰卡）、倭国（日本）、高丽、百济（朝鲜）等国与刘宋王朝的交通贸易和使节往来，是研究刘宋时期中外经济文化交流历史的珍贵史料。

《宋书》的列传中的一大长处是运用了带叙手法以及生动的文笔。《宋书》列传目录有姓名者，共二百三十余人。但《宋书》有带叙法，一人传中可带叙同时有关的其他人，即所谓："其人不必立传，而其事有附见于某人传内者，即于某人传叙其履历以毕之，而下文仍叙某人（指传主）之事。"如《刘道规传》，写刘道规进徐道覆时，使刘遵为将攻破徐道覆--接看带叙说："刘遵字慧明，临淮海西人，道规从母兄萧氏舅也。官至右将军、宣城内史、淮南太守。义熙十年卒，追赠抚

军将军。追封监利县侯，食邑七百户。"下文又重叙刘
道规事，以完成本传。《何承天传》带叙谢元，《何尚
之传》带叙孟颛，《刘义庆》带叙鲍照，《谢灵运》带
叙荀雍、羊璇之、何瑜等。这样事实较少之人，不必立
传，而事实又不致湮没，确是一大优点。沈约本人即是
文士，文字功夫当然了得。《梁书》本传说他诗、文俱
佳，以至于当时北方人还特意模仿他的文笔。他撰写的
《宋书》可读性较强，不象后世的史学考据文章干枯
乏味。

　　此外，《宋书》中沈约撰写的"序""论"也很有
特色，可以帮助我们了解沈约以及南北朝时期的史学思
想，是研究中国史学史的有用的参考资料。古人修史，
基本史实的叙述大体因袭前人著作甚多，沈约《宋书》
多本于徐爰等之旧史，百卷巨帙一年而成。但是，除去
体例编排之外，纪传体史书最能体现作者特色的地方，
就是序或论部分。

　　沈约《宋书》的序或论时时可以看出南朝时史学
对历史发展的洞察能力。《武帝纪》的"史臣曰"，以
简洁的文字描述了汉末到刘宋间政治历史的梗概，抓住
了各时期的要害。说："魏武自以兵威服众，故能坐移
天历。鼎运虽改，而民未忘汉，"解释了曹操为什么惮
于舆论，不敢篡夺政权。关于司马氏取代曹氏，沈约认

为，"及魏室衰孤，怨非结下。晋藉宰辅之柄，因皇族之微，世擅重权，用基王业"。说明曹魏政权尚未到矛盾尖锐濒于崩溃的局面，是司马氏巧取豪夺得了政权。关于东晋，沈约写道："晋自社庙南迁，禄去王室。朝权国命，递归台辅。君道虽存，主威久谢。"这样的估计，要言不烦，恰中肯綮。《孔季恭传》的"史臣曰"，纵论荆扬二州为南朝经济中心，能使"数郡忘饥"，"覆衣天下"。而统治者剥削无度，"田家作苦，役难利薄"，"并命比室，口减过半"，终于导致灭亡。

值得注意的是，《宋书》在隋、唐时期流传不广，到宋朝始有刻本。历经传抄，已有脱误和缺佚。今本《宋书》已非原貌，既有残缺，也有后人补入之文字，请阅读时请加以留意。

二

为帮助阅读《宋书》，下面简要地介绍一下刘宋时期的历史发展大势。

东晋以来，有两种社会势力在互相激荡。一种是世家大族的势力，他们依一定的门第和仕途，在政治上享有特殊的地位。另一种是寒门将帅的势力，他们由军功起家，或由寒吏入仕。这两种势力，在刘宋五十九年的历史中互为消长，并与整个南朝相始终。

南朝的世家大族，承两晋以来的余绪，凭借世资，坐取公卿，继续盘踞高官重位，如宋孝武帝以琅琊王僧达为尚书右仆射，而僧达"自负才地，三年间便望宰相"。他们优越的政治地位又是以庄园经济的基础为前提的。谢灵运在会稽始宁县的别墅，包含南北二山，有水田旱田，果园五所，竹林菜圃，便是很好的说明。世家大族的社会地位，比起他们的政治和经济地位来，更显得优越。世族、寒门二者身份高下的不同，决定了他们社会地位的悬殊。寒人虽致位通显，上升为贵戚近臣，但并不为世族看重，甚至受到侮辱。孝武帝舅父路庆之的孙子路琼之，和王僧达做邻居，曾去拜访王僧达，僧达不仅不跟琼之讲话，还把他坐过的床让人烧掉，搞得路琼之下不了台。世家大族为了要表示自己门第的优越感，为了不混淆与士庶的界限，就必须不与寒门庶族通婚，所以世家大族对婚姻的选择，特别重视门当户对。但也正是由于世家大族有田园别墅供其剥削和享受，政治上有文祖的资荫作凭藉，他们大都鄙薄武事，结果，寒门庶族出身的将士军人，便以军功作为进身之阶。宋武帝少年时，曾伐获新洲，又曾与刁逵赌博，输了不能付钱，被刁逵绑在马桩上，其出身寒微可知。其他将帅如蒯恩、到彦之、沈庆之、张兴世、沈攸之、宗越、吴善、黄回等人都出身寒门。不仅如此，刘宋时期君主为着要行使君权，也常引用寒人，典掌机要，形成自东晋以来的一大变局。本来自魏晋以来，世家大族的势力愈益发展，结果自然是君权的衰落。一切高官显要，全由世家大族来充任，于是君主的用人之权，只限于卑官寒吏。可是魏晋以来的世家大族，如前所述，凭借其身份特权，进致高位；并且拥有大量庄园，过着悠闲生活，不必为仕途担心，也不关心吏治，结果实际吏治，均由卑官寒吏去办理，也就是说，世家大族固然把持了政权高位，同时却又脱离了实际吏治。世家大族一方面盘踞高官重位，一方面又不屑留心吏治，并且进而压抑君权。刘宋皇室既出自寒门，为了行使君权，自然有所委信，当时世家大族太多，剥夺其官品不大可能，结果，只好一方面优容世家大族，任其霸占高官重位，一方面便引用寒士，掌握实际大权。

元嘉三十年（453），文帝刘义隆想废掉太子刘劭，消息走露，反被刘劭所杀，劭赶忙继位称帝。自此开始了皇室内部互相残杀的丑剧。文帝第三子刘骏，起兵讨刘劭，劭败被杀，刘骏即帝位，这就是孝武帝。此后父子相残、兄弟相杀之事屡见不鲜。孝武帝怕他的叔父荆州刺史南郡王刘义宣威胁他的帝位，派兵杀了他，同时还杀死了他的弟弟竟陵王刘诞、海陵刘休茂等。刘骏死后，太子刘子业继位，即前废帝。前废帝以其叔祖江夏王刘义恭权力太大，把他杀掉。文帝的第十一个儿子刘彧，因而起兵杀前废帝，自己即位称帝，这就是明帝。明帝又尽杀前废帝的兄弟刘子勋等人。孝武帝刘骏共有二十八个儿子，其中十人夭折，被前废帝所杀者二人，被明帝所杀者十六人，至此，无一幸存。当时有一首民谣唱道："遥望建康城，小江逆流萦，前见子杀父，后见弟杀兄。"

导致这种自相残杀的原因固然很多，但它跟刘宋时期世家大族的下降、寒人执掌机要有莫大的关系。

刘宋的君主，鉴于东晋政权由于门阀强盛，威权下移，因此中央重用寒人，参掌机要；而外藩则派宗室出任。宗室出任方面大吏，握有兵权，往往形成地方割据势力，形成中央与地方的对立。如南郡王刘义宣，即在荆州刺史任上败死，刘诞败死于南兖州刺史任上，刘子勋败死于江州刺史任上，而孝武帝刘骏，也是由江州刺史起兵，杀前废帝而取得帝位的。

其次，刘宋以寒人掌机要，往往被派往诸王身边充任典签——也称签帅，他们职位虽低，权力却很重。如孝武帝刘骏起兵夺取帝位时，曾担任其典签的戴法兴、戴明宝、戴闲三人，参与密谋策划，刘骏称帝后重用他们为中书通事舍人，执掌机要，握有实权。又如明帝刘或夺取帝位时，寒人阮佃夫协助明帝废除前废帝，因而封侯执政，后废帝刘昱在位时，阮佃夫又想进行废主，事泄被杀。寒人执政对皇室内乱确实起到了推波助澜的作用。在刘宋王室自相残杀的内乱中，大权逐渐旁落到中领军将萧道成手中。公元447年，萧道成杀后废帝刘昱，立刘准为顺帝，三年之后，萧道成也象当年的刘裕一样，登位称帝，刘宋王朝就这样在内乱中灭亡了。

政　略

何尚之进谏

是岁造玄武湖①，上欲于湖中立方丈、蓬莱、瀛洲三神山②，尚之③固谏乃止。时又造华林园，并盛暑役人工，尚之又谏，宜加休息，上不许，曰："小人常自暴④背，此不足为劳。"

（《宋书·何尚之传》）

【注释】

①是岁造玄武湖：是岁，宋文帝元嘉二十二年（公元445年）。玄武湖，在今江苏南京市东北玄武门外。②"上欲于"句：上，皇上，此指宋文帝刘义隆。三神山，《史记·秦始皇本纪》："齐人徐市等上书，言海中有三神山，名曰蓬莱、方丈、瀛洲，仙人居之。"③尚之：何尚之，生于东晋末，入宋历任要职。④暴（pù）："曝"，晒。

【译文】

　　这一年修建玄武湖，皇上想要在湖中建起方丈、蓬莱、瀛洲三座神山，何尚之竭力劝阻，才算作罢。当时又建造华林园，正是盛暑高温让人苦干，尚之又加以劝阻，认为这种天气应当让服役者休息，皇上不同意，说："小人是经常晒脊梁的，干这点活算什么。"

宋武帝刘裕

　　上①清简寡欲，严整有法度，未尝视珠玉舆②马之饰，后庭无纨绮③丝竹之音。宁州尝献虎魄④枕，光色甚丽。时将北征，以虎魄治金创⑤，上大悦，命捣碎分付诸将。平关中，得姚兴从女⑥，有盛宠，以之废事。谢晦⑦谏，即时遣出。财帛皆在外府⑧，内无私藏。宋台⑨既建，有司奏东西堂施局脚床⑩、银涂钉，上不许，使用直脚床、钉用铁。诸主出适⑪，遣送不过二十万，无锦绣金玉。内外奉禁，莫不节俭。性尤简易，常著连齿木屐⑫，好出神虎门⑬逍遥，左右从者不过十余人。时徐羡之⑭住西州⑮，尝幸⑯羡之，便步出西掖门，羽仪（17）络绎追随，已出西明门矣。诸子旦问起居，入羡⑱脱公服，止著裙帽，如家人之礼。孝武大明⑲中，坏上所居阴室⑳，于其处起玉烛殿，与群臣观之。床头有土鄣，壁上挂葛灯笼、麻绳拂。侍中㉑袁颛盛称上俭素之德。孝武不答，独曰："田舍公㉒得此，以为过矣"。故能光有天下，克成大业者焉。

（《宋书·武帝本纪下》）

【注释】

①上：皇上，此指宋武帝刘裕（公元356—422年），东晋末为北府兵将领，后掌握政权，公元420年代晋，成为南朝宋的开国皇帝。②舆：车。③纨绮：丝绸，亦转义为身着丽服的歌儿舞女。④虎魄：亦作"琥珀"，可作装饰品。⑤金创：指刀枪等物所造成的外伤。⑥姚兴从（zòng）女：姚兴，后秦国君。从女，侄女。⑦谢晦：宋代大臣，深受刘裕信任，文帝时谋反，被诛。⑧外府：指国库，区别于少府或中府（皇帝的私府）。⑨宋台：指刘裕封宋王，遂有王府。⑩"有司"句：有司，有主管部门或官员。施，放。局，弯曲，通"跼"。⑪诸主出适：诸主，各位公主。出适，出嫁。⑫木屐：木拖鞋。⑬神虎门：和下文的西掖门、西明门均为当时建康城门。⑭徐羡之：宋初重臣。⑮西州：地名，晋宋间扬州刺史治所，在今江苏南京。⑯幸：帝王所至临。⑰羽仪：指皇帝出行的仪仗。⑱羕：门房小门。⑲孝武大明：宋孝武帝大明（公元457—464年）年间。孝武帝刘骏是刘裕之孙。⑳阴室：指皇帝生前所居殿室，其死后作为遗物收藏之处。㉑侍中：官名。㉒田舍公：乡下人。

【译文】

宋武帝刘裕清心寡欲，注重法度，不讲究装饰排场，后宫也不设歌舞之类。宁州曾经贡献虎魄枕，非常好看，当时将要北伐，因为虎魄可以治疗刀枪之伤，皇上得了此枕非常高兴。令人把它捣碎分给将领们。平定关中时，俘获了姚兴的侄女，非常宠爱她，因此而影响了军政大事。谢晦提出批评，皇上马上就放她出宫。财物都在国库，而没有什么私藏。宋王府建立，办事部门奏请在东西堂放置式样比较好看的曲脚床，钉子涂银，皇上不准，结果使用直脚床，用铁钉。里里外外，都遵守规定，节俭从事。皇上生性喜欢随便，常穿着木拖鞋，喜欢去神虎门外转悠，随从不过十来个人。当时徐羡之住在西州，皇上常去他那儿，走出西掖门，仪仗队在后面紧追，可他早已走出西明门了。儿子们早上起来请安，进门都穿便服，行家人礼，很平常。孝武帝大明年间，把皇上生前住的殿室拆了，盖玉烛殿。孝武帝和群臣参观皇上生前居室，只见床头有土垒的小墙，墙上挂着葛布灯笼、麻绳拂子。侍中袁颛一个劲地称赞皇上的俭素之德。孝武帝不置可否，过一会儿，才自言自语地说："乡下人若能这样，那就很不错了。"所以皇上能拥有天下，终于成就宏大的事业。

御 人

宋武帝用人良苦

先是，庐陵王义真①为扬州刺史，太后谓上②曰："道怜③汝布衣兄弟，故宜为扬州。"上曰："寄奴④于道怜岂有所惜。扬州根本所寄，事务至多，非道怜所了。"太后曰："道怜年出五十，岂当不如汝十岁儿邪？"上曰："车士⑤虽为刺史，事无大小，悉由寄奴。道怜年长，不亲其事，于听望不足。"太后乃无言。

（《宋书·长沙景王道怜传》）

【注释】

①庐陵王义真：宋武帝刘裕之子，封庐陵王。②太后谓上：太后，皇帝之母。上，此指宋武帝。③道怜：刘裕之弟，封长沙王。④寄奴：刘裕小字。⑤车士：义真小字。

【译文】

此前，庐陵王义真担任扬州刺史，太后对皇上说："道怜是你一起从平民百姓过来的兄弟，应让他当扬州刺史。"皇上说："我对道怜还会有什么舍不得给的吗？扬州这个地方关系重大，事务繁杂，不是道怜所能胜任的。"太后说："道怜已经50出头了，难道还不如你那10岁的儿子吗？"皇上答道："车士虽是刺史，但事无大小，都由我作主。而道怜就不同了，他年岁大，要是不亲自操持，就会影响声望。"太后就不再说什么了。

法　制

奚显度苛虐无道

大明①中，又有奚显度者，南东海剡②人也。官至员外散骑侍郎。世祖常使主领人功③，而酷虐无道，动加捶扑，暑雨寒雪，不听暂休，人不堪命，或有自经④死者。人役⑤闻配显度，如就刑戮，时建康县⑥考⑦囚，或用方材⑧压额及踝胫，民间谣曰："宁得建康压额，不能受奚度拍。"又相戏曰："勿反顾，付奚度。"其酷暴如此。前废帝⑨尝戏云："显度刻虐，为百姓所疾⑩，比⑪当除之。左右因倡"诺"。即日宣旨杀焉。时人比之孙皓杀岑昏⑫。

（《宋书·戴明宝传》）

【注释】

①大明：南朝宋孝武刘骏的年号。②南东海剡：南东海为郡名，剡，县名，在今浙江嵊县。③人功：服役、施工人员和

工程。④自经：上吊。⑤人役：服劳役的人。⑥建康县：设置在当时首都建康（今江苏南京）。⑦考：同"拷"。⑧方材：砖。⑨前废帝：南朝宋皇帝刘子业，荒淫残暴，在位不到二年被废杀。⑩疾：恨。⑪比：近期。⑫孙皓杀岑昏：孙皓，三国吴末代君主，极为残暴。岑昏是他的亲信，因公愤太大，孙皓不得已杀之。

【译文】

　　南朝宋大明年间，有一个奚显度，南东海郡郯县人氏，官做到员外散骑侍郎。世祖经常让他监督施工，而他残酷暴虐，没有人性，经常责打人，无论是暑天雨中，还是寒冬雪下，都不让干活的人稍有喘息，在他监管下的人都觉得没活头，甚至有上吊自杀的，役夫们如闻说分配到姓奚的那里，就好像判了死刑上杀场一般。当时建康县拷讯囚犯，有时用方砖压在犯人的额头和脚踝、小腿上，民间便传开了一首歌谣："宁肯在建康压额头，受不了奚度的苦头。"又相互开玩笑说："别回头，把你交给奚度。"奚显度的酷暴就是这般厉害。前废帝曾当好玩似地说："显度如此酷虐，为百姓所恨，近来我要除掉他。"他的话刚完，左右就顺着答应道："是。"当天就颁下他的圣旨，杀掉了奚显度。当时人都把废帝杀奚显度比作孙皓杀岑昏。

萧惠开令行禁止

其年①，会稽太守蔡兴宗之郡②，而惠开自京口请假还都③，相逢于曲阿④。惠开先与兴宗名位略同，又经情款⑤，自以负衅摧屈⑥，虑兴宗不能诣⑦已，戒勒部下："蔡会稽⑧部伍若借问，慎不得答。"惠开素严，自下莫敢违犯。兴宗见惠开舟力甚盛，不知为谁，遣人历舫讯，惠开有舫十余，事力二三百人，皆低头直去，无一人答者。

（《宋书·萧惠开传》）

【注释】

①其年：此指南朝宋明帝泰始五年。②"会稽太守"句：会稽，郡名，治所在山阴。太守，郡之长官。蔡兴宗：宋朝名臣。③"而惠开"句：惠开，萧惠开，宋朝名臣，当时任南东海太守等职。京口，在今江苏镇江。都，指当时首都建康。④曲阿（ē）：县名，今江苏丹阳。⑤情款：情意真挚融洽。⑥负衅摧屈：为有过失而收敛。此指萧惠开曾依附晋安王刘子勋，反对明帝继位。⑦诣：到。⑧蔡会稽：此以所任官职（会稽太守）称蔡兴宗。

【译文】

这一年，会稽太守蔡兴宗奔赴其任职之郡，而萧惠开从京口请假回建康，两人相逢于曲阿。萧与蔡名气、地位相差无几，过去也有真挚融洽的交情，但萧惠开因为他依附晋安王的事，自己觉得抬不起头来，估计蔡兴宗不会前来看望，就命令部下："蔡会稽部下若有人问起，谁都不要回答。"惠开向来严于治下，因此没人敢于违犯。蔡兴宗见这支船队规模颇盛，但不知是谁，便派人一艘艘船挨着问，惠开有船10余只，从事力役的有二三百人，不管问到谁，都是低头走开，没有一人回答。

宋 书

军　事

宗越治军

越①善立营阵，每数万人止顿，越自骑马前行，使军人随其后，马止营合，未尝参差。及沈攸之②代殷孝祖③为南讨前锋，时孝祖新死，众并惧，攸之叹曰："宗公可惜，故有胜人处。"而御众严酷，好行刑诛，睚眦④之间，动用军法。时王玄谟⑤御下亦少恩，将士为之语曰："宁作五年徒，不逐王玄谟。玄谟尚可，宗越杀我。"

（《宋书·宗越传》）

【注释】

①越：宗越，南朝宋武将，为人残暴，前废帝在位时，他助纣为虐，十分得意，明帝即位后，因谋反被杀。②沈攸之：宋将领，宗越谋反，先告诉了沈，沈攸之向明帝告发。③殷孝祖：宋将，秦始二年（公元 466 年）在与叛军作战时中箭阵亡。④睚眦（yá zì）：怒目而视，借比小怨小忿。眦，亦作"眥"，眼角。⑤王玄谟：宋军将领。

【译文】

宗越精于立营布阵，每当数万人的军队行动，宗越骑马在前，大队人马跟在后面，他的马停在哪里，军营就在哪里形成，整齐有序，没有差错。后来，沈攸之代替殷孝祖为南讨军的前锋总指挥，当时孝祖刚战死，部下心中害怕，这时沈攸之想起了宗越，叹息道："宗公可惜了，他果然是有胜人之处。"但宗越对待部下太过严酷，喜欢用刑杀人，常因小事动用军法。那时候王玄谟对待部下也是刻薄少恩的，将士们编了一首顺口溜说："宁可作五年刑徒，也不想跟着王玄谟。王玄谟还叫我活着，宗越可要杀我。"

刘义真兵败

高祖遣将军朱龄石替义真镇关中①，使义真轻兵疾归。诸将竞敛②财货，多载子女③，方轨徐行。虏④追骑且至，建威将军傅弘之曰："公处分亟进⑤，恐虏追击人也。今多载辎重，一日行不过十里，虏骑追至，何以待之。宜弃车轻行，乃可以免。"不从。贼追兵果至，骑数万匹，辅国将军蒯恩断后不能禁，至青泥⑥，后军大败，诸将及府功曹⑦王赐悉⑧被俘虏。义真在前，故得与数百人奔散，日暮，虏不复穷追。义真与左右相失，独逃草中。中兵参军⑨段宏单骑追寻，缘道叫唤，义真识其声，出就之，曰："君非段中兵邪? 身在此。"

宏大喜，负之而归。义真谓宏曰："今日之事，诚无算略，然大丈夫不经此，何以知艰难。"

（《宋书·庐陵孝献王刘义真传》）

【注释】

①"高祖"句：高祖，此指宋武帝刘裕。义真，刘裕子。关中，这里主要指今陕西中部地区。东晋末，掌握兵权的刘裕率军攻关中，灭后秦，一度让义真留守关中。②敛：搜聚。③子女：年轻女子。④虏：指夏主赫连勃勃，南朝称其为"佛佛"。⑤公处分丞进：公，指刘裕。处分，安排。丞：急速。⑥青泥：地名。⑦府功曹：官名。⑧悉：全。⑨中兵参军：军职名。

【译文】

高祖派将军朱龄石代替义真镇守关中，让义真带轻兵，急速返回。义真手下将领们争着搜聚财物，还带着许多年轻女子，南归的队伍走得很慢。夏国赫连勃勃的军队在后面追赶，眼看就要追上了，建威将军傅弘之说："刘公对我们的指示是快速行军，这是因为担心敌人会追迫。如今辎重太多，一天走不到十里路，敌军追上了，怎么办好。应当把车辆丢掉，轻骑行进，才是办法。"义真不予采纳。敌人追兵果然赶来，有马数万匹，辅国将军蒯恩断后，但抵挡不住，到了青泥这个地方，后军就溃败了，众将领以及府功曹王赐都当了俘虏。义真在前队，所以和数百人奔走离散，天色渐暗，敌军也就不再追了。义真与他左右的人走散，一个人逃进草丛中。中兵参军段宏骑着马找他，沿着路叫唤，义真听出段宏的声音，就从草丛中走出来。说："你不是段中兵吗？我在这里呢。"段宏大喜，背着他归队。义真对段宏说："今天的事，太少算计，不过，大丈夫不经历一下，怎么会知道什么是磨难呢。"

沈攸之截粮

薛常宝^①在赭圻^②食尽，南贼大帅刘胡^③屯浓湖^④，以囊盛米系流查^⑤及船腹，阳^⑥覆船，顺风流下，以饷赭圻。攸之^⑦疑其有异，遣人取船及流查，大得囊米。

（《宋书·沈攸之传》）

【注释】

①薛常宝：当时南方叛军（即下文所称"南贼"）的一员将领。②赭圻：岭名，在今安徽繁昌县北。③刘胡：宋将，后反叛。④浓湖：旧湖名，今已埋废，故址在今安徽繁昌县境。⑤流查：木筏。查，本作"楂"，通"槎"。⑥阳：表面上。⑦攸之：沈攸之，南朝宋军将领。

【译文】

薛常宝在赭圻吃光了粮食，南贼大帅刘胡驻守浓湖，用袋子装了米，系于木筏和船腹，再把船盖上，让船顺风而下，供给赭圻的同伙用。沈攸之对此异常有疑问，派人截取这些船和木筏，得到了大批袋装的米。

理　财

刘休佑刻薄至极

休佑①素无才能，强梁自用，大明之世，年尚少，未得自专，至是②贪淫，好财色。在荆州，裒刻③所在，多营财货。以短钱④一百赋⑤民，田登⑥，就求白米一斛⑦，米粒皆令彻白，若有破折者，悉删简⑧不受。民间籴⑨此米，一升一百。至时又不受米，评米责⑩钱。凡诸求利，皆悉如此，百姓嗷然⑪，不复堪命⑫。

（《宋书·晋平剌王刘休佑传》）

【注释】

①休佑：刘休佑，南朝宋文帝刘义隆第十三子，初封山阳王，后改封晋平王。②至是：指刘休佑在宋明帝即位后地位转强。③裒（póu）刻：搜刮财物。④短钱：不足实数的钱。⑤赋：给。⑥田登：指庄稼收获。⑦斛：容量单位，十斗为一斛。⑧悉删简：悉，全，都。删简，弃置。⑨籴（dí）：买（米）。⑩责：求；索取。⑪嗷然：叫苦不迭。⑫堪命：活命。

【译文】

（刘）休佑，向来没有才能，且又自负，在大明年间，年纪还轻，不怎么专横，等到这时，贪淫本性暴露无遗，贪财好色。他在荆州，专事搜刮，多积财物。以不足实的100钱给老百姓，等收获季节，收取白米一斛，要求米粒必须极白，有米粒不完整的，就让挑选干净，否则不收。民间买这样的米，一升就要花100钱。到时候突然又不收米了，而是评定米的等级收钱。他所干的求利刻薄之事，都是这一类的，百姓叫苦不迭，简直无法活了。

清廉之士朱修之

修之[①]治身清约，凡所赠贶[②]，一无所受，有饷[③]，或受这，而旋[④]与佐吏赌之，终不入已。唯以抚纳群蛮[⑤]为务。征为左民尚书，转领军将军[⑥]。去镇[⑦]，秋毫不犯，计在州然[⑧]油及牛马谷草，以私钱十六万偿之。然性俭克少恩情，姊[⑨]在乡里，饥寒不立，修之未尝供赡。尝往视姊，姊欲激之，为设菜羹[⑩]粗饭，修之曰："此乃贪家好食。"致饱而去。先是，新野[⑪]庾彦达为益州刺史，携姊之[⑫]镇，分禄秩之半以供赡之，西土[⑬]称焉。

（《宋书·朱修之传》）

【注释】

①修之：朱修之，南朝宋人，曾被北魏所俘，后辗转回到南方，任荆州刺史等职。②贶（kuàng）：赠，赐。③饷：此指上司慰劳、奖励一类。④旋：随即。⑤群蛮：指当时南方各少数民族。⑥"徵为"句：徵，皇帝特聘，任命官职。左民尚书，官职名。领军将军，军职名，但"将军"名号甚多，权位亦不一样。⑦去镇：镇，指朱修之所任职的荆州。去，离开。⑧然：通"燃"。⑨姊（zǐ）：姐姐。⑩羹（gēng）：古时称汤为羹。⑪新野：在今河南新野。⑫之：去；到。⑬西土：指位于中国西部的益州一带。

【译文】

朱修之清廉自守，对于各种馈赠，概不接受；有时受到慰劳、奖励，接受后，就与自己属下吏员们，自己总是不得要的。他以安抚群蛮为要务。朝廷聘任他为左民尚书，又转为领军将军。离开荆州时，秋毫不犯，计算在荆州任职期间耗费的灯油及牛马所食谷草，用自己的钱 16 万支付补偿。但他为人俭克，少人情味，姐姐在乡间，饥寒交迫，难以度日，他却没能帮助过。曾经去看望姐姐，姐姐想激一激他，用菜汤粗饭招待他，不料修之却说："这是穷人家的美食了。"他饱食而去。先前，新野人庾彦达当益州刺史，带着姐姐去上任，以所得俸禄的一半来供养她，益州一带被传为佳话。

德　操

步履轻　因母病

　　（谢瞻①）弟嚼②字宣镜，幼有殊行。年数岁，所生母郭氏，久婴痼疾③，晨昏温清④，尝药捧膳，不阙一时，勤容戚颜，未尝暂改。恐仆役营疾⑤懈倦，躬自执劳。母为病畏惊，微践⑥过甚，一家尊卑⑦，感嚼至性，咸纳屦而行⑧，屏气而语，如此者十余年。

（《宋书·谢嚼传》）

【注释】

　　①谢瞻：东晋末人，卒于宋初，为著名诗人谢灵运的族兄。②嚼：音 jué。③久婴痼疾：婴，缠绕。痼疾，经久难治之病。④清（qìng）：寒；凉。⑤营疾：看护病人。⑥微践：轻步行走。⑦一家尊卑：古时家中有老幼，还有主仆，故有此语。⑧咸纳屦而行：咸，都、全。屦（jù）：鞋子。纳屦而行：指把鞋穿好走路，以免发出响声。

【译文】

谢瞻的弟弟谢嚼，字宣镜，自幼就有不平常的表现。几岁时，他的生母郭氏，长期患病，久治不愈。他不分早晚、冷热，给母亲送药端饭，送药先尝，端饭后吃，一时不缺，勤谨的面容，愁忧的脸色，从未改变。又怕家中仆役们照顾得不好，事情都尽量自己做。他母亲病而怕惊动，因此他走路轻轻，十分当心。家中所有的人被他的孝心所感动，都把鞋子穿好走路，屏住呼吸，轻言轻语，像这样一直有10来年之久。

蔡廓奉兄如父

廓①年位并轻，而为时流所推重，每至岁时②，皆束带③到门。奉兄轨如父，家事大小，皆咨④而后行，公禄赏赐，一皆入轨，有所资须，悉就典者⑤请焉。从高祖⑥在彭城⑦，妻郗氏书求夏服，廓答书曰："知须夏服，计给事自应相供，无容别寄。"时轨为给事中⑧。

（《宋书·蔡廓传》）

【注释】

①廓：蔡廓，字子度，济阳考城人，东晋末追随刘裕。②岁时：年节。③束带：衣冠楚楚。④咨：询问；请示。⑤典者：此指管家。⑥高祖：此指宋武帝刘裕。⑦彭城：今江苏徐州。⑧

给事中：官名。简称"给事"。

【译文】

　　蔡廓年纪轻，官位不高，可却为当时名流所推重，时逢年节，家中有许多衣冠严整的人来访。他尊奉史长蔡轨，就像对待父亲一样，家中事无论大小，都要先向哥哥请示，再做决定，所得的俸禄赏赐，统统交给哥哥，如需要用钱时，就先向管家请取。他跟随高祖在彭城时，妻子郗氏写信来要夏天穿的衣服，他回信说："需要夏服一事已知。料想给事会给你的，不必另寄。"当时蔡轨当着给事中的官，因此他信中这么写。

宋武帝钟爱义恭

　　江夏文献王义恭①，幼而明颖，姿颜美丽，高祖特所钟爱②，诸子莫及也。饮食寝卧，常不离于侧。高祖为性俭约，诸子食不过五盏盘，而义恭爱宠异常，求须③果实，日中无算，得未尝啖④，悉以乞与⑤旁人。庐陵诸王⑥未尝敢求，求亦不得。

（《宋书·江夏文献王刘义恭传》）

【注释】

　　①江夏文献王义恭：刘义恭，南朝宋武帝刘裕子，封江夏王。江夏，郡名，治所在今武汉市武昌。②高祖特所钟爱：高

祖，此指宋武帝。钟爱，特别喜爱。③须：通"需"。④啖（dàn）：亦作"啗"，吃。⑤悉以乞与：悉，全，都。乞与，给予。⑥庐陵诸王：指宋武帝其他儿子等。

【译文】

　　江夏文献王刘义恭，自幼聪明伶俐，模样也长得俊秀，高祖十分喜欢，别的儿子谁也没法相比，吃饭睡觉，常在他身边。高祖生活上十分节俭，孩子们吃饭，不超过·5个盘子的菜，而义恭却十分受宠爱，每天从早到晚，要这要那，要了他并不吃，都给别人。庐陵王等谁都不敢像他那样开口要东西吃，就算要，也要不到。

张敷思母之情

　　张敷字景胤，吴郡①人，吴兴②太守邵子也。生而母没。年数岁，问母所在，家人告以死生之分，敷虽童蒙，便有思慕之色。年十许岁，求母遗物，而施散已尽，唯得一画扇，乃缄录③之，每至感思，辄开笥④流涕⑤。见从母⑥，常悲感哽咽。

（《宋书·张敷传》）

【注释】

　　①吴郡：郡名，治所在吴县。②吴兴：郡名，治所在吴兴。

③缄录：密藏。④笥：竹箱。⑤涕：泪。⑥从（zòng）母：伯母；叔母。

【译文】

张敷字景胤，吴郡人，吴兴太守张邵的儿子。他一出生，母亲就死了。几岁时，问起母亲在哪里，家人把实情告诉了他，他虽年幼，可已有思念的表现。到10来岁时，提出要母亲的遗物，别的都已找不到了，只有一把画扇还在，他珍藏起来，每到思母情切时，就开箱取视，流泪不止。见到伯母叔母，时常含悲伤心，语声哽咽。

刘凝之终归隐逸

（刘）凝之①慕老莱②、严子陵③为人，推家财与弟及兄子，立屋于野外，非其力不食。州里重其德行，州三礼辟西曹主簿，举秀才，不就④。妻梁州刺史⑤郭铨女也，遣送丰丽，凝之悉散之亲属。妻亦能不慕荣华，与凝之共安俭苦。夫妻共乘薄笨车⑥，出市买易，周用之外，辄以施人。为村里所诬，一年三输公调⑦，求辄与之。有人尝认其所著屐⑧，笑曰："仆⑨著之已败，令家中觅新者备君也。"此人后田中得所失屐，送还之，不肯复取。

……

146

荆州年饥，义季⑩虑凝之馁毙⑪，饷⑫钱十万。凝之大喜，将⑬钱至市门，观有饥色者，悉分与之，立尽。性好山水，一旦⑭携妻子泛江湖，隐居衡山之阳⑮。登高岭，绝人迹，为小屋居之，采药服食。妻子皆从其志。元嘉二十五年⑯，卒，时年五十九。

（《宋书·刘凝之传》）

【注释】

①刘凝之：南朝宋人，一生未做官。②老莱：老莱子，即老子，春秋时的大哲学家李耳。③严子陵：严光，字子陵，少曾与刘秀同游学，刘秀称帝，他变姓名隐遁，后被刘秀派人找到，但终于拒受官职，仍归山林。④"州三礼辟"数句：州，指刘凝之所居之荆州。辟，辟除，征召，古时选任官吏的方式之一。州西曹，分管府吏署用事。主簿，西曹的主事。秀才，南北朝时是荐举人才的主要科目。就，指接受任命或称号。⑤梁州刺史：梁州，治所在南郑。刺史，州之长官。⑥薄苇车：粗陋的车子。⑦公调：缴公的户调（实物税）。⑧屐（jī）：木拖鞋。⑨仆：古人的谦称。⑩义季：南朝宋衡阳王刘义季，时镇江陵。⑪馁毙：饿死。⑫饷：馈赠。⑬将：持。⑭一旦：某一日。⑮衡山之阳：衡山，在今湖南。阳，山之南称阳。⑯元嘉二十五年：元嘉，南朝宋文帝刘义隆年号，元嘉二十五年为公元448年。

【译文】

　　刘凝之心慕老莱子和严子陵的为人，把家财让给弟弟和哥哥的儿子，在野外别建屋，靠自己的劳动生活。他所在的荆州看重他的德行，三次征召他担任州西曹主簿之职，又举他为秀才，可他都没有接受。他的妻子是梁州刺史郭铨的女儿，陪嫁丰盛，也都被刘凝之送给亲属了。这位夫人倒也不慕荣华，能安心与他一起过艰苦俭仆的生活。夫妻俩一起坐着粗陋的车子，外出到市场做点买卖，除了维持自己的生活之外，就用来帮助别人。不幸遭到村里基层机构的诬害，一年之中交了三次公调，可他没说什么，有要就给。有人曾说他所穿的木拖鞋是自己的，他就笑道："鄙人所穿的已经旧了，让我家中再找一双新的给您吧。"这人后来在田中找到了他自己丢失的拖鞋，就把刘凝之给的那双送还，凝之说什么也不肯收。

　　……

　　荆州闹饥荒，衡阳王刘义季担心凝之会乏食饿死，给他送来十万钱。刘凝之大喜，拿着钱到市场门口，看到有面带饥色的人，就分钱给他，不一会十万钱就分光了。他又十分喜欢山水，终于带领妻子泛游江湖，隐居于衡山之南。登上高岭，不与人来往，搭盖小屋，住了下来，采药服用。他的妻子儿女都服从他的志意。元嘉二十五年，他死去了，时年 59 岁。

148

刘德愿、羊志善哭得官

德愿①性粗率，为世祖②所狎侮。上③宠姬殷贵妃薨④，葬毕，数与群臣至殷墓。谓德愿曰："卿哭贵妃若悲，当加厚赏。"德愿应声便号恸，抚膺擗踊⑤，涕泗交流。上甚悦，以为豫州刺史⑥。又令医术人羊志哭殷氏，志亦呜咽。他日有问志："卿那得此副急泪？"志时新丧爱姬，答曰："我尔日自哭亡妾耳⑦。"志滑稽善为谐谑，上亦爱狎之。

（《宋书·刘德愿传》）

【注释】

①德愿：刘德愿，南朝宋人，善驾车，官至廷尉。②世祖：宋孝武帝刘骏。③上：皇上，即孝武帝。④薨（hōng）：死。⑤抚膺擗踊：膺，胸口。擗踊：捶胸顿足，哀痛之状。⑥豫州刺史：官名，刺史为一州之长。豫州，基本范围在今河南东南部至湖北东北部。⑦"我尔日"句：尔日，那天；妾：小老婆。

【译文】

刘德愿为人粗朴直率，世祖也对他极随便，常加戏弄。皇上的宠姬殷贵妃死了，安葬后，又多次与群臣到她的墓地去。皇上对德愿说："你要是哭殷贵妃哭得悲伤，我就重赏你。"他的话一说完，德愿便大哭大叫，捶胸顿足，眼泪鼻涕齐下。皇上对此很高兴，任命他为豫州刺史。皇上又命令因医术而入宫的羊志哭殷氏，羊志也哭得很伤心。后来有人问羊志："你的眼泪怎么要它来就来了？"羊志当时刚死了一个爱妾：便答道："我那天是哭自己的亡妾呀。"羊志这人滑稽得很，善于取笑，皇上也极喜欢他。

范晔走向刑场

将出市①，晔②最在前，于狱门顾谓综③曰："今日次第，当以位邪？"综曰："贼帅为先"④。在道语笑，初无暂止。至市，问综曰："时欲至未？"综曰："势不复久。"晔既食，又苦劝综，综曰："此异病笃⑤，何事强饭。"晔家人悉至市，监刑职司问："须相见不？"晔问综曰："家人以来⑥，幸得相见，将不暂别？"综曰："别与不别，亦何所存。来必当号泣，正足乱人意。"晔曰："号泣何关人，向见道边亲故相瞻望，亦殊胜不见。吾意故欲相见。"于是呼前。晔妻先下抚其子⑦，回骂晔曰："君不为百岁阿家⑧，不感天子恩遇，身死固不足塞罪，奈何妄杀子孙？"晔干笑云罪至而已。晔所生母⑨泣曰："主上念汝无极，汝曾不能感恩，又不念我老，今日奈何？"仍以手击晔颈及颊，晔颜色不怍⑩。妻云："罪人，阿家莫念。"妹及妓妾⑪来别。晔

150

悲涕流涟，综曰："舅殊不同夏侯色⑫。"晔收泪而止。综母以子弟自蹈逆乱，独不出视。晔语综曰："姊⑬今不来，胜人多也。"晔转醉，子蔼亦醉，取地土及果皮以掷晔，呼晔为别驾⑭数十声。晔问曰："汝恚⑮我邪?"蔼曰："今日何缘复恚，但父子同死，不能不悲耳。"

（《宋书·范晔传》）

【注释】

①将出市：古代于闹市处决犯人。②晔：范晔，南朝宋史学家，字蔚宗，顺阳人。元嘉二十三年末，因牵涉密谋迎立彭城王刘义康一案，被杀。③综：谢综，范晔的外甥。④"贼帅为先"：这是一句玩笑话。⑤笃：指病势沉重。⑥以来：此处"以"通"已"。⑦其子：指范晔之子范蔼，因范晔而被株连。⑧阿家（gū）：这是范晔妻对她婆婆（范母）的称呼。⑨所生母：生身之母。⑩怍（zuò）：惭愧。⑪妓妾：指范晔家中的小妻和歌舞女艺人。⑫夏侯色：三国魏夏侯玄谋杀司马师，事泄被杀，夷三族，"临斩东市，颜色不变，举动自若"。（《三国志·魏书·夏侯玄传》）。⑬姊（zǐ）：姐姐，此指谢综母。⑭别驾：范晔曾任荆州别驾从事史这一官职。⑮恚（huì）：愤怒，怨恨。

【译文】

就要被押赴刑场了，范晔走在最前面，在监狱的门口，回过头来对谢综说："今天排次序，还论官位大小吗？"谢综说："谁是贼帅，谁就该在前面。"他们一路说笑着，接连不断。到了市场，范晔问谢综："时间到了吗？"谢综答道："看来不会很久了。"范晔吃了一顿饭，又一再劝谢综也吃，谢综说："这跟病重不同，没有必要勉强吃饭。"范晔的家人都到刑场来了，监斩官问："要见个面吗？"范晔问谢综："家里人已经来了，有幸再见一次面，不就要暂别了吗？"谢综说："道不道别，还有什么呢。来了，都是哭哭啼啼的，叫人心烦。"范晔说："哭叫也没有什么，刚才见路边上亲人故旧都朝我这儿看，倒也是最好不见。但我还是想见一下。"于是家属都被叫过相见。范晔的妻子先抚摸着儿子，回头骂范晔："你不为百岁娘亲考虑，不感激天子的恩待，你死有余辜，为什么还让儿孙也要把命搭上。"范晔干笑着说自己罪不可恕而已。范晔的生母哭泣着说："主上待你极好，你不能感恩，又不想着我已年老，到今天这般地位，怎生是好。"以手连连打范晔的头颈和脸颊，他却并无羞愧之色。妻子说："罪人，阿家您不要再想他了。"妹妹和妓妾也来告别，范晔很悲伤，谢综说："舅舅和当年夏侯的表现相去太远了吧。"范晔就不哭了。谢综的母亲因为是家人自找死路，所以没有来看。范晔对谢综说："姐姐今日不来，那比别人强多了。"范晔酒后醉意上来了，他的儿子范蔼也是，他从地上抓土、捡果皮向范晔身上丢，连着叫范晔"别驾"几十声。范晔问他："你恨我吗？"范蔼答道："今天为何还要恨，只是父子同死，不能不觉得可悲啊。"

严世期善举义行

　　严世期，会稽①山阴②人也。好施慕善，出自天然。同里③张迈三人，妻各产子，时岁饥俭，虑不相存，欲弃而不举，世期闻之，驰往拯救，分食解衣，以赡④其乏，三子并得成长。同县俞阳妻庄年九十，庄女兰七十，并各老病，单孤无所依，世期衣饴⑤之二十余年，死并殡葬。宗亲⑥严弘、乡人潘伯等十五人，荒年并饿死，露骸不收，世期买棺器殡埋，存育孩幼。

（《宋书·严世期传》）

【注释】

　　①会稽：郡名。②山阴：县名，是会稽郡治所，在今浙江绍兴。③里：民户聚居处的基层单位，古有以25家为里的，但多有变更。④赡：供给、帮助。⑤衣饴：此两字均为动词，衣（yì），给予衣物。饴（sì），给人食物，通"饲"。⑥宗亲：同宗亲戚。

【译文】

　　会稽山阴人严世期非常乐于帮助别人，乐于做善事，出于天性。与他同里而住的张迈等3人，妻子各生了孩子，当时正闹饥荒，都怕养不活，准备把孩子抛弃掉，世期听说后，急忙赶去救助，给吃给穿，解决困难，结果3个孩子都得到抚养而长大成人。同县有个俞阳，他的妻子庄，年已90，女儿兰，年70，两人老而有病，孤单无靠，世期向她们提供衣食，前后20余年，她们去世后，还为之料理丧事。他的同宗亲戚严弘、同乡潘伯等15人，都在荒年饿死，骨骸暴露不收，世期为他们置办棺材，并且还抚养他们留下的孩子。

传世故事

蒯恩喂马

蒯恩字道恩，是兰陵郡承县人。高祖征讨孙恩时，县差去征兵，让他充当二等兵，给马伐草料。蒯恩常背回大捆草料，比别人多几倍，每次往地上扔草料，就叹息说："大丈夫弯弓能达三石力，为什么要给马伐草料！"高祖刘裕听说后，就配给他兵器，蒯恩非常高兴。自此征讨妖贼，常常作为先锋，多取敌人首级。他既熟悉作战阵势，胆力又超过常人，诚心尽力小心谨慎，未曾有过失，非常得高祖信任。

刘义隆感恩

元嘉三年（公元 426 年），太祖刘义隆讨伐荆州（今湖北江陵）刺史谢晦，下诏命令益州（今四川境内）派遣军队袭击江陵，谢晦已经平定，益州的军队才到了白帝（今四川奉节县）城。张茂度平时与谢晦很要好，有人议论说他故意出兵迟缓，当时张茂度的弟弟张邵是湘州（今湖南及广东北部、广西东北部）刺史，率兵营救太祖，太祖因为张邵的忠诚节义，所以不对张茂度加罪，把他带还京城。元嘉七年（公元430年），重新起用作廷尉，兼奉车都尉，出任本州中正官，进为五兵尚书，迁太常。后因脚病遣为义兴（今江苏宜兴溧阳）太守，加秩中二千石。太祖曾从容地对张茂度说："不要把在西蜀讨伐谢晦这件事放在心上。"张茂度回答说："我如果不蒙受陛下您的开明，现在说不定坟墓上的草木都长出来了。

颜竣嫉妒能人

侍中颜竣这时才开始大富大贵，与何偃都在门下省作官，把各自的文章拿来互相欣赏，相处得非常好。颜竣自以为受到皇帝的礼遇超出别人，应该处重要的位置，然而他的位次与何偃等人没有什么不同，心里觉得有些不高兴。等到何偃代替颜竣任领选官，颜竣更加愤恨不满，于是与何偃结怨。颜竣当时在朝庭权势极大，何偃内心颇觉不安，所以引发了心痛病，性情也变得乖僻，上表给皇帝要求解除官职，称病告医不再作官。世祖对侍何偃礼遇甚厚，对他的病也百般加以治疗，名医替他开药，随他取所须医药，何偃的病才得以治愈。

荀伯子自夸

荀伯子官任太子征虏功曹，国子学博士。他的妻弟谢晦推荐保举他，入朝为尚书左丞，又出补临川（今江西抚州）内史。车骑将军王弘称赞荀伯子说："为人沉稳庄重不浮华，有先人平阳侯的遗风。"荀伯子出自颖川荀氏大族，常常自夸自己家世之美，对王弘说："天下富贵人家，唯有您琅邪王氏与我颖川荀氏，谢晦这些人，不值得一提。"

张敷不能容人

中书舍人秋当与周赳一起掌管要务，认为张敷与他们同为中书省官吏，想要去拜访他。周赳说："假如他不能容纳我们，就不如不去拜访。怎么可轻易去拜访他呢？"秋当说："我们都已是员外郎了，何必担心不能和他一起同坐。"张敷先摆设两个坐椅，距离墙壁三四尺远，二位客人就坐以后，应答接待非常热情，不一会儿却传呼左右人说："把我移到远离客人之处。"周赳二人仓惶失色地离去。

为官为家　高风亮节

颜延之，字延年，琅玡临沂（今属山东）人。他父亲早逝，自小孤苦。尽管家境贫困，却爱好读书，几乎无所不览，后成为南朝宋代著名诗人，与谢灵运齐名。

颜延之为官多年，生性耿直，因而常常得罪权贵。他见刘湛、殷景仁之辈专权，心有不平，常说道："天下之事，应当和天下人共同治理，难道凭一两个人的小聪明就能处理得了？"为此，刘湛非常恨他，将他贬出朝廷，改任永嘉太守。但是颜延之仍然不改其直，所以仕途屡次受挫。

颜延之除了爱喝酒的毛病外，生性清廉俭约，不谋私利。尽管做了官，却也常有家中空空不能自给的时候。他常常穿布衣，食蔬菜，在郊外独饮，自由自在。颜延之有好些个儿子，各自继承其父亲的不同品性。有一次，宋武帝刘裕问颜延之，他的几个儿子谁最得父风，颜延之答道："竣得臣笔，测得臣文，㚍得臣义，跃得臣酒。"他所称得其笔法的儿子颜竣，后来慢慢官居高位，权重当朝，其地位远远超过了颜延之。

颜竣比较孝顺，见父亲日子并不富裕，也常想着给父亲以供养。颜延之却不领儿子的情，颜竣所给，他一点都不肯接受。平时仍住在原先的旧房子里，衣服器具，丝毫未有改变，一如既往地过着布衣蔬食的清贫生活。颜延之喜欢出游，外出时，常常是乘坐着瘦牛拉着的粗笨车子。颜竣位高，出行时总是仪仗显赫，护卫众多，十分威风。颜延之出去，只要一遇儿子的仪仗护卫，总是立刻在道旁停住牛车避让。不得已碰到了儿子，总是说："我平生最不喜欢见显要人物，今天真是运气不佳，碰上了你！"但是他对新朋旧友等却非如此，有时骑马出游，在街巷碰到老朋友，总要停下亲切地攀谈一番。骑在马上，有时常跟朋友要酒喝，要到了酒便自斟自饮，十分自在，朋友间丝毫不拘礼节。

颜竣当上高官后，便准备造所好房子，颜延之却含意深长地对儿子说道："希望你好自为之，不要弄到最后，让后人嗤笑你的愚蠢！"这话大有深意，因为前代有许多造了豪华宅第后家族却很快败落，不能安享永保的事例。颜延之尽管没有明说，却有警戒儿子不要追求豪华奢侈的深意在。又有一次，颜延之因事早上去见儿子，见家中已宾客盈门，颜竣却还在睡觉，没有起床，不禁怒火万丈。他极为严厉地训斥儿子道："你本出身贫贱，如今算是高高在上了，居然傲慢无礼到这种样子，你这官能做得长久吗?"

颜竣为官甚有父风，他直言敢谏，言辞恳切，无所回避，常使皇帝不悦，因而也不肯听从其言。后来，终于招来杀身之祸。可见封建时代立朝为官，也实在是难矣!

（《宋书·颜延之传》、《宋书·颜竣传》等）

人物春秋

金戈铁马　气吞万里如虎——刘裕

宋高祖武皇帝刘裕，字德舆，小名寄奴，身材魁梧，风骨奇特。家虽贫，志向远大，不拘小节。刘裕最初任冠军孙无终的司马。

隆安五年（402）春，孙恩频繁进攻句章，每次都被刘裕击败，又撤往海上。三月，孙恩北击海盐，刘裕跟踪追击，在海盐县城旧址筑起城池。起义军白天攻城，城内兵力空虚，刘裕就挑选数百人组成敢死队，都脱掉盔甲，手持短兵器，击鼓呐喊冲出城，起义军被震慑得士气大跌，丢盔卸甲逃散，大帅姚盛被斩。虽然连战连胜，但众寡悬殊太大，刘裕因而颇感忧虑。一天晚上，偃旗息鼓，藏匿主力，假装已逃遁。第二天早晨开启城门，派几个老弱病残上城墙。起义军在城外远远地问刘裕在什么地方。城楼上人回答说："昨晚逃走了。"起义军信以为真，蜂拥进城。刘裕乘其懈怠，指挥伏兵猛攻，大获全胜。孙恩感到城攻不下来，就率部向沪渎进发。刘裕又弃城追击。海盐县令鲍陋派其子嗣之领吴兵一千，请求打先锋。刘裕说："起义军精干，吴兵又不擅战，如若前锋失利，必会导致我军溃败。吴兵殿后作声援吧。"嗣之不听。当晚，刘裕四处设伏兵，又置备旗鼓，但每处不过数人。次日，孙恩率万余人接战。前锋遭遇后，伏兵齐出，举旗击鼓。起义军以为四面都有伏兵，撤退。嗣之追赶，被杀死。刘裕边战边退，由于起义军人多势众，所率士兵几乎都战死、受伤。刘裕考虑到可能难免一死，跑到设置伏兵的地方，停下来，命令随从脱下死者的衣服穿上。起义军以为刘裕本当逃走现在反倒停下来，怀疑设有埋伏。刘裕乘机高呼再战，英姿飒爽，英勇无比，起义军以为真的设有伏兵，离去。刘裕慢慢地撤退，再渐渐聚拢被冲散的士兵。

五月，孙恩攻陷沪渎，杀吴国内史袁山松，四千人战死。同月，刘裕又在娄县打败起义军。

六月，孙恩乘胜渡海，突然进军丹徒，士兵多达十余万人。刘牢之还驻在山阴，京师震动。刘裕日夜兼程，与起义军同时抵达丹徒。当时敌我众寡悬殊，又加上长途急行军十分疲惫，而丹徒守军又无斗志。孙恩率兵数万，击鼓呐喊攻蒜山，蒜山居民都拿起扁担准备抵抗。刘裕率部猛烈攻击，大败起义军，起义军死伤惨重。孙恩靠鼓排渡泗，才得以退回船上。孙恩虽然被击败，但仍依仗其人多，径直向京师进发。由于楼船高大，又遇逆风难以前往，十天后才到白石。得知刘牢之已撤回拱卫京师，朝廷有防备，就改向郁洲进军。

八月，朝廷加封刘裕为建武将军，下邳太守，派他带领水军追到郁洲讨伐，刘裕又大败孙恩。孙恩南逃。十一月，刘裕追击孙恩到沪渎，在海盐，又大败孙恩。三战三捷，俘虏的起义军数以万计。此后，孙恩军由于饥饿、疾病、瘟疫，死伤大半，从浃口逃到临海。

元兴元年（402）正月，骠骑将军司马元显率军西进讨伐桓玄，桓玄亦率荆楚大军，南下讨伐元显。元显派镇北将军刘牢之抵御，刘裕协助刘牢之。刘牢之率部到溧洲。桓玄到了，刘裕请求发起攻击，未得同意，刘牢之打算派儿子敬宣到桓玄营中讲和。刘裕与牢之外甥东海何无忌联袂坚决谏阻，牢之不听。派遣敬宣到桓玄营中。桓玄攻克京师，杀害元显，任命牢之为会稽内史。牢之恐惧，对刘裕说："桓玄很快就会剥夺我的兵权，大祸即将临头啊。现在应当向北边的高雅靠近，在广陵起义，你能同我前往吗？"刘裕答道："你率精兵数万，望风而降。桓玄新得志，威震天下。三军人心，都已涣散，广陵岂能去得了！我要回去，退回京口吧。"牢之起义后自缢而亡。何无忌问刘裕："我该到哪里去呢？"刘裕说："镇北将军起义定然难免一死，你可随我回京口。桓玄若能守臣节北面侍君，我就与你归顺他；否则，与你共击之。现在正是桓玄骄横为所欲为之日，肯定要用我们。"桓玄堂兄桓修领抚军衔镇守丹徒，任命刘裕为中兵参军，军队编制、郡辖范围不变。

自从孙恩溃败后，追随他的士兵日渐稀少，他害怕被活捉，在临海投水自杀。剩下的人推举孙恩妹夫卢循为首领。桓玄想尽快平定东方，就任命卢循为永嘉太守。卢循虽然接受了任命，但仍然为所欲为。五月，桓玄又派刘裕东征。当时卢循从临海进入了东阳。元兴二年（403）正月，桓玄又遣刘裕讨伐卢循，攻下东阳，卢循逃到永嘉，刘裕追击又攻下永嘉，杀卢循大帅张士道，并追到晋安，卢循渡海南逃。六月，桓玄加封刘裕为彭城内史。

桓玄想篡夺皇位，桓玄堂兄卫将军桓谦派人问刘裕说：
"楚王功勋卓著德高望重，四海归附。朝廷有禅让之意，你意
下如何？"刘裕已立志推倒桓玄，故意谦逊地答道："楚王，宣
武之子，功德盖世。晋室微弱，失民心已久，乘天运取而代之，
有何不可。"桓谦高兴地说："你觉得可以，那就可以。"

十二月，桓玄篡位，把天子送到寻阳。桓修入朝，刘裕跟
他一起到京师。桓玄见过刘裕后，对司徒王谧说："昨日看见
刘裕，气度不凡，是人中豪杰。"每次游猎集会，都热情地邀
刘裕同往，给刘裕的馈赠赏赐也很丰厚。刘裕更讨厌他。有人
对桓玄说："刘裕龙行虎步，相貌不凡，恐怕不愿为人下，宜
及早打算。"桓玄说："我正欲平定中原，只有刘裕能担此大
任。关陇平定后，再作计议。"桓玄于是下诏说："刘裕以少胜
多，屡次打击起义军的气焰。渡海追寇，十灭其八。诸将奋力
作战，多数受过重伤。上自元帅下至将士，论功行赏，以表
功勋。"

当初刘裕东征卢循，何无忌跟随到山阴，他劝刘裕在会稽
起义。刘裕认为桓玄未篡皇位，而且会稽距京城遥远，起义难
以成功，等他篡位的事实彰著后，再在京口起兵，定能成功。
这时桓修回京师，刘裕借口伤口疼痛，忍受不住陆路行走之苦，
与无忌坐船同回京城，共谋复兴王室之计。于是与弟道规、沛
郡刘毅、平昌孟昶、任城魏咏之、高平檀凭之、琅邪诸葛长民、
太原王元德、陇西辛扈兴、东莞童厚之，共同筹谋。当时桓修
弟桓弘为征虏将军、青州刺史，镇守广陵。道规是桓弘的中兵

参军，孟昶是主簿，刘裕派刘毅秘密前去与孟昶接头，在江北聚结力量，图谋起兵杀桓弘。长民是豫州刺史刁逵左军府参军，计划在历阳响应。元德、厚之准备在京城聚集力量攻打桓玄，并约定同时起义。

元兴三年（404）二月二十七日，刘裕借口游猎，与无忌等集聚亲信心腹，同谋者有何无忌、魏咏之、咏之弟欣之、顺之、檀凭之、凭之侄儿韶、韶弟祗、隆、道济、道济堂兄范之、刘裕弟道怜、刘毅、刘毅堂弟藩、孟昶、孟昶族弟怀玉、河内向弥、管义之、陈留周安穆、临淮刘蔚、堂弟珪之、东莞臧熹、堂弟宝符、侄子穆生、童茂宗、陈郡周道民、渔阳田演、谯国范清等二十七人；愿追随的百余人。二十八日清早，城门开，无忌着传诏服，假称传诏居前。众义士随他急驰入城。齐声呼叫，守城官兵惊呆，不敢阻拦，很快将桓修斩首示众。刘裕哭得很悲惨，厚葬桓修。孟昶劝桓弘这天出城狩猎。为让狩猎人出城，天没亮就开了城门，孟昶、道规、刘毅等率壮士五六十人乘机长驱直入。桓弘正在吃粥饭，当即斩了他，收集他的余部渡江而去。起义军刚攻下京城时，桓修的司马刁弘率文武官吏前来救援。刘裕登上城楼对他说："郭江州已奉圣谕在寻阳反正，我等也被密诏，前来诛除逆贼叛臣，约在今日相会。叛贼桓玄的首级已挂在大航示众。诸君难道不是大晋之臣吗，今天来想怎样？"刁弘等人信以为真，率众撤走。刘毅到后，刘裕命他杀刁弘。

刘毅兄刘迈先在京师，起义前几天，刘裕派同谋周安穆告他，叫他到时做内应。刘迈表面上答应了，内心却很震惊恐惧。

安穆见他惶恐，估计事情肯定会泄露，赶忙返回。当时桓玄委任刘迈为竟陵太守，刘迈不知该如何办才好，乘船欲去竟陵郡。这夜，桓玄写信给刘迈说："北府人什么动向？你最近见到了刘裕说了些什么？"刘迈以为桓玄已获知他们的密谋，早晨一起来就把真相告诉了桓玄。桓玄惊恐，封刘迈为重安侯；后又怪罪他没有拘留安穆，让他逃了，就杀了他。杀元德甚兴、厚之等人。召集桓谦、卞范之等人商讨对付刘裕的办法。桓谦等建议："速派兵攻打。"桓云说："不妥。刘裕兵力精锐行动敏捷，若派兵去攻打等于去送死。如果先派水军迎战，恐怕又不足以与之抗衡，假如出了差错，刘裕就成了气候而我们就输定了。不如将大军集结在覆舟山等待刘裕的军队。刘裕军出入无人之地二百里，没遇敌手，锐气定然会受挫，等到了覆舟山突然发现这么多兵力严阵以待，肯定会惊慌恐惧。我们按兵不动固守阵地，不与他们交锋，他们想打打不成，自然会解散离去。"由于桓谦一再恳切请求出兵，桓玄于是派遣顿丘太守吴甫之、右卫将军皇甫敷北上抗拒义军。

桓玄自从获悉刘裕率众起义后，成天忧心忡忡不知所措。有人说："刘裕等力量弱小，哪里具备成气候的力量，陛下何必担忧呢。"桓玄回答说："刘裕堪称当代雄才；刘毅家无多少储蓄，赌博时却敢下注百万；何无忌，乃是刘牢之的外甥，很象他舅舅。他们联合起来，共举大事，怎能说他们不会成功呢。"

起义大众推举刘裕为盟主，并在京城传递檄文，任命孟昶为长史，总管后勤事务，檀凭之为司马。百姓愿意追随的千余人。三月初一，吴甫之领兵到江乘。甫之，桓玄的猛将，他的部队很精锐。刘裕亲自拿着长刀，高喊着冲向敌军，所向披靡，很快就杀甫之。进军到罗落桥，皇甫敷率数千人迎战。宁远将军檀凭之和刘裕各领一队人马，凭之战败被杀，其部下溃败散。刘裕越战越勇，左右冲突，在约定时间内打败了敌军，击毙了皇甫敷。

桓玄获悉皇甫敷等人都覆没了，更加恐惧。派遣桓谦驻扎东陵口，卞范之驻守覆舟山西侧，两地驻军合起来有二万人。二日早晨，起义军用完早饭后，丢弃剩余粮食，进至覆舟山东侧，派原是乞丐的士兵在山上插旗，迷惑敌人。桓玄又派武骑将军庾祎之前来，配以精兵锐器，援助桓谦等人。刘裕身先士卒冲向敌军，将士都拼命死战，都以一当百，喊杀声震天动地。当时东北风大，刘裕就下令放火，烟火遮天蔽日，击鼓声、喊杀声震动京师。桓谦等各路军，一时间土崩瓦解。桓玄当初虽然派兵布阵，但已打定了逃走的主意，嘱咐领军将军殷仲文在石头城备好船，带着他的子侄渡江南逃了。

三月初三，刘裕平定了石头城，设置留台官，在宣阳门外焚烧桓温的神庙，在太庙立了东晋的新皇帝。派遣众将帅追击桓玄，尚书王嘏率百官恭迎圣驾。司徒王谧与众人推举刘裕管理扬州，刘裕坚辞不肯。于是以王谧为录尚出事，兼任扬州刺史。后又推举刘裕为使持节，统管扬州徐州兖州豫州青州冀州幽州并州八州军务，领军将军、徐州刺史。

先前朝廷接手的是晋朝这个乱摊子，政治混乱，百官放纵，百业废弛，桓玄虽然也想整治，但众人都不听他的。刘裕以身

166

示范，先以威严约束宫廷内外。百官皆认真供职，二三天内，风气大变。况且桓玄虽然凭着英雄豪气被推举获得了拥护，但很快就篡夺了皇位，晋朝的各地刺史和在朝大臣，都尽心尽力地服侍他，君臣名分定了。刘裕在朝廷里职位卑微，又无一支军队，在草莽之地振臂高呼，倡导大义恢复帝位。因此王谧等人觉得失去了民心，都觉愧疚恐惧。

诸葛长民过了约定的时间还不能起事，刁逵拘捕了他，并押送石头城，还未到桓玄就失败了。桓玄逃往寻阳，江州刺史郭昶之将事先准备好的皇室信物送给他。桓玄搜罗二千余人，挟天子逃往江陵。冠军将军江陵、辅国将军何无忌、振武将军刘道规率领军队追赶。尚书左仆射王愉、王愉的儿子荆州刺史王绥等人，是江东的名门望族。王绥年轻名气就很大，因为刘裕出身平民，很是看不起。王绥，还是桓玄的外甥，也有夺取王位的志向。刘裕都杀了他们。四月，遵奉武陵王遵为大将军，承袭旧制。大赦天下，唯有桓玄一族的后人不在大赦之列。

当初刘裕家境贫寒，曾欠刁逵社钱三万，长久无力偿还。刁逵执法甚严拘捕了刘裕，王谧拜访刁逵，暗地为刘裕代还了欠款，于是刘裕获释。刘裕名微位卑，名流都不与他往来，只有王谧同他交往。桓玄打算篡位时，王谧亲手解下了安帝的王玺和系玺丝带，成了桓玄的篡位功臣。等到起义军攻克了石头城，众人都认为王谧该杀，只有刘裕保护他。刘毅曾乘朝会的时候问王谧玉玺在什么地方，王谧愈加惊恐不已。等到王愉父子被杀，王谧堂弟王谌对他说："王驹本无罪，而起义军杀了他，这是翦除异己，断绝百姓的指望。你是桓玄的同伙，名位又如此显赫，想幸免能吗?"驹，是王愉的小名。王谧害怕，逃到曲阿。刘裕写信告诉大将军，好好保护王谧，迎接他回来官复原职。

桓玄哥哥的儿子桓歆，聚集兵力向寻阳进军，刘裕命令辅国将军诸葛长民迎击，桓歆败走。无忌、道规在桑落洲大败桓玄大将郭铨，各路义军进据寻阳。皇上授权刘裕掌管江洲军务。桓玄逃回荆郢后，大规模地招兵买马，招募水军建造楼船、制造武器，很快率兵二万，挟天子从江陵出发，顺江东下，与冠军将军刘毅等人在峥嵘洲遭遇，众将士奋勇拼搏，大败桓玄。桓玄丢下将士，又挟天子逃向江陵。桓玄同党殷仲文送东晋二皇后回京师。桓玄逃到江陵后，想趁机西逃。南郡太守王腾之、荆州别驾王康产恭迎天子到南郡郡府。

当初征虏将军、益州刺史毛璩，派遣堂孙毛璩之与参军费恬护送弟弟的灵柩顺江而下，护灵柩有二百人，毛璩弟弟的儿子毛修之当时是桓玄的屯骑校尉，引诱桓玄入四川。桓玄到了枚回洲，费恬与毛璩璩之迎击。益州督护冯迁砍下了桓玄的头，送到京师。接着又在江陵杀了桓玄的儿子桓升。

当初桓玄在峥嵘洲大败，义军以为大局已定，未及时追击。桓玄死后近十天，义军的主力还不到。桓玄的侄儿桓振逃到华容的涌中，招聚桓玄的党徒数千人，清晨袭击江陵城，城内居民争相出城投奔桓振。王腾之、王康产都被杀了。先前藏在沮川的桓谦，也聚众响应。桓振为桓玄发丧，设丧廷。桓谦率文武百官将玉玺绶带送还给了安帝。何无忌、刘道规到江陵后，在灵溪与桓振交战。桓玄的部属冯该又在杨林设置伏兵，义军溃败，退回寻阳。

　　兖州刺史辛禺心怀不轨意欲叛逆。恰逢北青州刺史刘该反叛，辛禺请命征讨刘该，到了淮阳，辛禺也反叛了。辛禺长史羊穆之杀辛禺，并把他的首级在京师传递示众。十月，刘裕任青州刺史，率披铠甲执锐器的卫队百人进入州衙。刘毅等各路人马又进军到夏口。刘毅攻鲁城，刘道规攻偃月垒，都予以攻克。十二月，各路军挺进平定巴陵。义熙元年（405）正月，刘毅等抵江津，击败桓谦、桓振，平定江陵，皇帝获救。三月，皇帝从江陵到达。

　　十一月，天子重申前令，封刘裕为侍中、晋升为车骑将军，开府仪同三司。刘裕坚决推辞。皇上派百官恳劝。义熙三年（407）二月，刘裕回到京师，准备拜访廷尉，安帝在先诏令廷尉，刘裕的辞呈不得被接受，进宫面陈推辞，天子才同意，很快刘裕回到丹徒。

　　闰月，府内大将骆冰谋划叛乱，将要被抓时，独自逃走，刘裕追上去斩了他。当初桓玄战败，因为桓冲的忠贞不贰，给他的孙子取名为桓胤。到此时骆冰谋划让桓胤称帝，与东阳太守殷仲文暗地勾结。刘裕于是斩杀了殷仲文以及他的两个弟弟。此时，桓玄的残党余孽，都被处死了。

　　义熙四年（408）正月，天子召刘裕入朝辅佐，加封为侍中、车骑将军、开府仪同三司、扬州刺史、录尚书，照旧担任徐兖二州的刺史。刘裕上书解除了兖州刺史一职。

　　当初，燕王鲜卑人慕容德在青州僭越称帝，他死后，他哥哥的儿子慕容超继位，先后多次在边境制造祸患。义熙五年

（409）二月，在淮河以北大肆掠夺，俘虏了阳平太守刘千载、济南太守赵元，掠走一千多家。三月，刘裕发布北讨的檄文。四月，水师从京师出发，沿淮河进入泗水。五月，到下邳，留下舰船辎重，用步兵进攻琅琊郡。每过一处都筑城派兵留守。戍守梁父、莒城的鲜卑人都逃跑了。

慕容超听说晋军即刻将至，他的大将公孙五楼劝说："应占据大岘，割掉粟苗，坚壁清野等待敌军，晋军远道而来没有粮草，想交战又不能，一、二十天之后，就可折断刑杖鞭笞他们了。"慕容超不听，说："敌军远道而来，肯定不能长久有战斗力，一旦引他们过了大岘，我用精锐的骑兵去攻打，不用担心击不败他们，哪用得着先毁庄稼，示弱于人呢。"在刘裕即将出兵时，谋士们认为，鲜卑人听说大军去讨伐他们，一定不敢迎战，如果不截断大岘，就会坚守广固，割粟苗坚壁清野，来断绝三军的粮草，这样不只是很难成功，而且还会回不来。刘裕说："这件事我考虑成熟了，鲜卑人贪婪，贪图眼前小利，他们舍不得粟苗。认为我们孤军深入，不能长久作战，只能进驻临朐，退守广固。我军一旦进入大岘，将士们就没有后退的想法，带领怀有必死之心的军队，对付怀有野心的叛逆，何愁不成功！他们不能坚壁清野牢固死守，是替各位保护财产。"刘裕已经进入大岘，用手指着天说："我们大功告成了。"

六月，慕容超派遣五楼和广宁王贺赖卢首先占据了临朐城。听说晋朝大军到了，留下年老的瘦弱的士兵守广固，其余的全部出击。临朐有一条巨蔑河，离城四十里。慕容超告诉五楼："赶快去占领它，晋军得到了水源，就很难击败了。"五楼率骑兵急进。晋龙骧将军孟龙符率领骑兵打先锋，急驰争夺巨蔑河，五楼败退。晋军稳步地前进，战车四千辆，分为左右两翼，成方阵徐徐前行，车子全部蒙上青布，驾车的人手持长槊。又把轻骑兵作为机动部队。军令严肃，队伍整齐。在离临朐几里的地方，燕军精锐的骑兵一万多人，先后到达，刘裕命令兖州刺史刘藩、刘藩弟并州刺史刘道怜、谘议参军刘敬宣、陶延寿、参军刘怀玉、慎仲道、索邈等，合力攻打。将近未时，刘裕派谘议参军檀韶直奔临朐。檀韶率领建威将军向弥、参军胡藩急驰前进，当天攻下临朐城，砍断燕军牙旗，全部缴获慕容超的辎重。慕容超听说临朐城已被攻克，带领大军逃走，刘裕亲自带兵追赶，燕军狂奔不停。慕容超逃到广固。

第二天，东晋大军进逼广固城，立即攻外城，慕容超退守内城。并且筑长长的壁垒来守卫它，壁垒高三丈，外面三道壕沟穿插其间。停泊长江、淮河上的船只，将粮食屯集在齐地。刘裕安抚接纳归顺的士兵，汉族人和少数民族人都很高兴，士兵们都信任他。

七月，天子下诏加封刘裕为北青、冀两州刺史。慕容超的大将垣遵、他的弟弟垣苗都率领士兵来归顺晋朝。刘裕准备制造攻城的器械时，守内城楼上的燕兵说："你们没有得到张纲，怎么能够制造出来呢！"张纲，南燕国的尚书郎，他擅长奇技。碰巧慕容超派张纲向后秦国姚兴称臣求援，请求派兵救助。姚兴假装答应他，而实际上害怕晋军，不敢派兵。张纲从长安返回，泰山太守申宣俘虏了他并送给晋军。刘裕于是让张纲坐在楼车的顶端，让城内人看到，城里人没有不感到大惊失色的。

于是让张纲大规模制造攻城器具。慕容超没有得到救援，张纲反而被俘虏了，变得担心害怕了，于是请求作晋的藩国，请求割地以大岘为界，进献马匹一千只。刘裕不答应，围攻城池更加厉害。黄河以北的百姓带武器粮食来投奔的，日以千计。

录事参军刘穆之，谋略过人，刘裕让他充当首席谋士，每次有举动都向他咨询。当时姚兴派使者告诉刘裕说："慕容超素与我相邻友好，现在因为处境艰难向我求援，我当派精骑兵十万，径直占据洛阳。晋军如果还不后退，我就命令铁骑长驱直入。"刘裕大声地告诉后秦使者："你告诉姚兴，我平定南燕之后，停战三年，就去平定关中、洛阳。现在自己送上门来，就快些过来吧。"刘穆之听说有后秦的使者，迅速赶来，然而刘裕已经打发他走了。刘裕把姚兴的话以及他的回答，详细地告诉了刘穆之。刘穆之忧虑地对刘裕说："平常事情不论大小，都让我先考虑一下。这件事应该好好地考虑，为什么那么仓猝地答覆呢。你答覆姚兴的言辞，不能威慑敌人，反会激怒他们。如果南燕还没攻克，后秦的援军突然到了，不知您怎么对付他们?"刘裕笑着说："这是军机，所以不告诉你。兵贵神速，他们如果真的出兵救援，一定害怕我们知道，怎么可能先派遣使者呢。这是他们看到我军攻打南燕心里已经恐惧，说一些自我掩饰的话罢了。"

九月，天子加封刘裕为太尉、中书监，刘裕坚辞。十月，黄河以北归顺晋朝。张纲制造的攻城器械，设计奇巧，象飞楼木幔之类，莫不齐备。城上的火石、弓箭等守城工具，都没有用了。

义熙六年（410）二月初五，攻下广固城，慕容超越城逃走，征虏贼曹乔胥俘获了他，杀南燕王公以下的、以及俘虏的人口一万多，马二千匹，押送慕容超回师，在建康街头斩首。

刘裕北伐之时，徐道覆还有伺机而动的野心，劝卢循乘虚而出，卢循没有听从。徐道覆就到番愚（广州）劝说卢循："我们居住在南岭以南，难道真的只能限此一隅，只是因为打不过刘裕罢了。如今他在围攻固若金汤的广固城，不知什么候才能攻下。乘此时，用归乡心切的将士，偷袭何无忌、刘毅的部队，成功易如反掌。不趁这一有利时机，如果刘裕平定南燕之后，稍稍休养生息，过不了一、二年，一定有檄文征讨你。如果刘裕亲自率军队到豫章，派遣精锐的部队越过南岭，即使将军再勇猛，恐怕也抵不住。现在这个机会，万万不可错过。如果占领了他们的都城，捣了他们的老巢，刘裕即使回师，也无能为力。"卢循听从了他的话，于是带兵越过了南岭。这个月，攻克了南康、庐陵、豫章三郡，各郡的郡守都弃职逃走。此时平定南燕的消息还未传到，天子派使者赶紧告诉刘裕，刘裕刚刚攻下南燕国，想在下邳休整，进而平定河、洛，但不久朝廷的使臣到了，当天就班师回朝。

镇南将军何无忌与徐道覆在豫章交战，晋军战败，何无忌被杀。朝廷内外非常震惊。朝廷想请晋帝渡江北上靠近刘裕的军队，不久得知起义军还未到，京城的人心稍稍安定。刘裕到了下邳，用船运载辎重，自己带领骑兵回师。到山阳，听说何无忌被杀，担心京城失守，于是日夜兼行，和几十个人到了淮河，向行人询问京城的消息。有人告诉他们说："起义军还没有到，刘裕如果回来了，就不用担心。"刘裕很高兴，一个人乘船过江，径直赶到京口，京城的人心大为安定。四月初二日，刘裕回到京师，解除戒严。

抚南将军刘毅上书请求南征，刘裕写信给刘毅："我以前常和起义军作战，知道他们的战术，他们近来又接连获胜，不可轻视。最好等我休整完毕，我们一同前往。"刘毅不听，率水师两万从姑孰出发。卢循北上，派徐道覆向寻阳进攻，自己进攻湘中的各郡。荆州刺史刘道规派兵到长沙迎战，被卢循打败。起义军直入巴陵，准备攻江陵。徐道覆听说刘毅率军沿江西上，派人报告卢循说："刘毅的军队很强大，应该合力击败他。如果这次胜利了，夺取天下就没有什么问题了。根本安定了，就不用担心枝叶不平定。"卢循当天从巴陵出发，与徐道覆联手东下。另外有艚舰九艘，舰上有四层楼，高十二丈。刘裕因为南方诸郡失守，上书请求免职，皇上不允。五月，刘毅在桑落洲（今江西九江）被击败，弃船从陆路逃走，其余逃走不及的人，都被起义军俘虏。

卢循刚到寻阳时，听说刘裕已经回来了，不相信。击败刘毅的军队后，询问凯旋将士，都相顾失色。卢循想退回寻阳，占领江陵，占据两地来对抗晋朝廷。徐道覆认为应当乘胜追击，据理力争，商讨几天后，才被采纳。

刘毅失败的消息传来，朝廷内外动荡不安，此时北伐的军队才回到京师，大部分都受伤染病，京城的战士，不过数千。起义军已经攻破江、豫两镇，士兵十几万人，车船绵延百里。孟昶、诸葛长民担心起义军步步进逼，想保护天子渡长江北上，刘裕不同意，孟昶一再坚决请求。刘裕说："现在重镇被占，强敌向腹地逼进，人心惶惶，没有长久的打算。如果天子北渡，那么就会土崩瓦解，长江以北又怎么去得了呢！假使能够渡江北上，也只不过暂时延缓一段时间罢了。现在士兵虽然少，还可以一战。如果京城被攻破，那么君臣同归于尽，假如厄运一定要降临，我必当以死来护卫社稷，横尸宗庙，实现多年以来以身报国的志愿，不逃到民间苟且偷生，我已拿定了主意，你不要再说什么！"孟昶害怕刘裕不能成功，就上书天子说："刘裕北伐的时候，大家都不赞同，只有我赞同刘裕的行动，导致强敌乘机而入，社稷危急，这是我的罪过，现在我只有以死来谢罪天子。"把奏折封好后，就服毒自尽。

朝廷开始重金招聘守城勇士，投身效力朝廷的人，都委以京城的官职。征发老百姓修建石头城，建牙城戒备森严，当时有人主张分兵把守各要塞。刘裕认为："敌众我寡，如果分兵驻守，敌人会摸清我们的虚实。况且一地失利，三军士气都会丧失，现在将军队集中在石头城，调遣起来机动灵活，既可以让敌人无法知道我军的人数，又可以集中力量。如果部队需要转移汇集，以后再说吧。"把军队转移驻扎在石头城，在淮河中设栅栏隔断了查浦。不久起义军大部队到了，刘裕分析说："敌人如果在新亭向前挺进，就锐不可挡，胜败就难以估量，如果停泊在西岸，那么就要成为我们的俘虏。"

徐道覆想在新亭、白石两地上岸后焚船。卢循犹豫不决，总想考虑出万全之策，对徐道覆说："我大军还未到，孟昶就闻风自杀，就大势来说。晋军在数日内就会溃败。现在急于决定胜负，既然不是必由之路，况且还要损伤士兵，不如按兵不动等他们自败。"刘裕此时登上石头城观察起义军，开始看到他们向新亭方向进军，环顾左右，脸都变了色。不久起义军的舰只回头停泊在蔡洲。徐道覆还想前行，卢循阻止了他。此时，晋军陆续到京师附近集结，整修越城，修筑查浦、药园、廷尉三个堡垒，都派重兵把守。冠军将军刘敬宣驻守京城北郊，辅国将军孟怀玉驻扎丹阳郡西部，建武将军王仲德驻守越城，广武将军刘怀默驻扎建阳门外。还派宁朔将军索邈率领鲜卑人的虎班铁骑一千多匹，都披上五彩的绸缎，从淮河以北赶到新亭。卢循派十几只舰船排除石头城前栅栏，刘裕命令用神弩射击，起义军的舰船都被毁坏了，卢循于是下令停止攻栅栏。偷偷地派兵在南岸埋伏，派一些年老体弱的士兵坐在船上向白石城进发。刘裕担心起义军从白石城上岸，于是率领刘毅、诸葛长民从北面出击，留下参军徐赤特守卫南岸，命令他死守不要轻举妄动。

刘裕带兵走后，起义军火烧查浦后上岸，徐赤特的守军被打败，战死失踪的有一百多人。徐赤特丢下余部，坐小船渡过淮河，卢循就率领几万人屯扎在丹阳郡。刘裕急忙率领军队回来援救。大家担心起义军过了江，都认为刘裕应当从小路回城避免遇敌。刘裕先前已分兵一路回到石头城，大家都不知道。让战士们休息，吃饱喝足之后，在南塘严阵以待。因为徐赤特违抗军令，处以斩首。刘裕还命令参军褚叔度、朱龄石率精兵一千多人渡过淮河。起义军几千人，都手握长刀和短兵器，精制的盔甲在太阳下闪光，跳跃着蜂拥而进。朱龄石所带的士兵大多是鲜卑人，善于徒步长矛作战，并且布阵以待。起义军的短兵不能敌，死伤了几百人，退走。在日落时，晋军也返回了。刘毅被打败后，豫州主簿袁兴国反叛晋朝，占据历阳响应起义军。琅琊郡的内史魏顺之派大将谢宝讨伐并斩杀了他。豫州司马袭击谢宝，魏顺之不去救援反而撤退，刘裕愤怒，杀了魏顺之。魏顺之，是魏咏之的弟弟。这样，有功的将领都受到震动，不敢不听从命令。

六月，天子又加封刘裕为太尉、中书监，还授给黄金装饰的钺。刘裕接受黄钺，其他的封赏坚决不接受。让司马庚悦担任建威将军和江州刺史两职，从东阳向豫章出发。

七月初十，起义军从蔡洲南撤，回寻阳驻扎。刘裕派遣辅国将军王仲德、广川太守刘锺，河间太守蒯恩追击。刘裕回到东府，大规模扩建水军，船又都是有高楼的大舰，有十几丈高。卢循派他的大将荀林进犯江陵，桓谦先从江陵逃往羌，后又从羌进入四川，谯纵让他当荆州刺史。桓谦和谯道福率兵二万人，进攻江陵，正好与荀林相遇，相隔一百多里。东晋的荆州刺史刘道规在枝江斩杀了桓谦，在江津击败荀林的军队，追杀到竹町，斩杀了荀林。

初卢循逃走之时，刘裕知道他必定进犯江陵，立刻派遣淮陵内史索邈率领骑兵从陆路援助荆州。又派建威将军孙季高率士兵三千，从海路袭击番禺。江州刺史庚悦到五亩峤，卢循已派一千多人占据山道，庚悦的前锋鄱阳太守虞丘进击溃了起义军。刘裕已治理好军务。十月，率领兖州刺史刘藩、宁朔将军檀韶等水师南征。

这个月，徐道覆率兵三万进犯江陵。荆州刺史刘道规又大败了他，斩杀万余人，徐道覆又回到盆口。开始刘裕派索邈入川，索邈在山道上被起义军截断，直到徐道覆被击败后才到达四川。自从卢循南下，江陵方面与京城的音讯就断绝了，传递消息的人都说已被占领。直到索邈到后，才知卢循已经逃走了。卢循从蔡洲南逃时，留下他的亲信范崇民率五千人，大舰一百多艘，戍守南陵。王仲德等人听说大军将至，于是进攻范崇民。十一月，大败范崇民的军队，焚烧其舰船，收抚散兵。

卢循在广州的守兵对海道不设防。这个月，建威将军孙季高从海路忽然到了，起义军的城池高峻严整，守城的士兵有几千人。季高焚烧了起义军的船只，全部上岸，从四面围攻，当天就攻下了广州城。卢循的父亲乘小船逃往始兴。季高安抚老百姓，剿杀起义军将士，派兵好好守城。当初刘裕派遣季高出兵的时候，大家都认为从海路进攻遥远，一定很艰难；且分散了兵力，费时又很长。刘裕不赞同。天子诏令季高说："大军在十二月底，一定打败起义军。你现在到广州去，捣毁他们的巢穴，让他们溃逃时，没有去处。"季高依命而行，如期成功。

卢循这时正修整舰只，制造一些攻城的器械。刘裕想从长计议，于是驻军雷池。起义军扬言不进攻雷池，顺水而下。刘裕知道起义军想进攻，但考虑到起义军战败后，可能从京江进入东海，派王仲德带二百艘舰船在吉阳，断绝起义军的去路。十二月，卢循、徐道覆率兵几万人，乘船而下，前后相连，不见边际。晋军出动全部轻便小船，刘裕亲自摇旗擂鼓，命令三军合力出击。又在西岸派出一些步兵骑兵。三军奋勇争先。晋军中有很多威力大的神弩，所到之处无坚不摧。刘裕在江中间督军。起义军的船只顺着风和水流的去向，全部停泊在西岸上。岸上的士兵首先预备了火攻的材料，于是点火烧起义军的舰只，烟雾满天，起义军大败，卢循等人退回寻阳。当初派步兵驻西岸，没有人不感到奇怪的，等到烧了敌军船只，大家才信服。召回王仲德，让他还担当先锋。留下辅国将军孟怀玉驻守雷池。卢循听说晋朝大军沿江上溯，想逃往豫章，于是全力在左里设置栅栏隔断江面。晋军到左里，准备决战，刘裕手中拿的令旗旗竿断了，折断的旗帜沉入水中，大家都感到很奇怪。刘裕笑着说："从前在覆舟的一战，旗杆也折断了，现在又是，一定能够打败敌人。"立即攻克栅栏前进。卢循的军队虽然也拼命迎战，但无能为力。各路晋军乘胜追击，卢循乘小船逃走。被晋军杀的以及投水自杀的起义军，总共有万余人。收纳投降的士兵，赦免那些被逼走上叛逆之路的人。派刘藩、孟怀玉轻装追击残兵，卢循收集残兵剩将，还有几千人，从小路逃回广州。徐道覆退守始兴。刘裕在左里凯旋搬师。

十四年（411）六月，接受皇上所赐相国、宋公、九锡的任命。十二月，天子崩驾，大司马琅邪王即皇帝位。

元熙元年（419）正月，晋升公爵为王爵，以十郡增封给宋国。

二年（420）六月，到京师。晋帝禅位于宋王刘裕。

永初三年（422）五月，宋高祖刘裕病危，告诫太子说："檀道济是有才略，但无大志，比其兄檀韶好驾御。徐羡之、傅亮也无异志，谢晦多次随我东征西战，谙悉机变，若有人图谋篡位，必是此人。以后让他远离京城，到会稽、江州去。"
二十一日，高祖在西殿驾崩，时年六十岁。

高祖节俭简约寡欲，严肃认真讲究法度，不看重珍珠宝玉
华车骏马，不爱奢靡丝竹之音。宁州曾进献虎魄枕，色泽艳丽。
当时正准备北征，需用虎魄治疗刀枪伤。高祖非常高兴，下令
捣碎虎魄枕，将虎魄分给众将。平定关中后，得姚兴侄女，美
妙绝伦，高祖十分宠爱，以至荒废政事，谢晦进谏，高祖醒悟，
马上打发她走了。钱财都收入国库，不藏于私家。宋宫建成后，
有人上奏请东西厅堂使用局脚床、涂银钉，高祖不许；用直脚
床，铁钉。诸公主出嫁，陪嫁赠送不过二十万，没有锦绣金玉
相送。内外尊奉禁令，莫不节俭，高祖生性简朴，常着连齿木
屐，喜欢出神虎门散步，左右随从不过十余人，当时徐羡之住
在西州，高祖很思念他，步行出西掖门，侍卫连忙追随，高祖
已出了西明门。诸子早晨向高祖请安，高祖回家就脱去皇袍穿
上便服，如同普通百姓。孝武帝大明年间，拆高祖居室建玉烛
殿，武帝与群臣一起观看高祖居室。大臣们看到床头上有土，
壁上挂的葛灯笼用的是麻绳。侍中袁头盛赞高祖俭朴素之德，
孝武帝没回答，只是说："一个田舍郎能得到这些，就很过分
了。"由于这些高贵品质，高祖能一统天下，终成大业。

田园诗人"五柳先生"——陶潜

陶潜，字渊明，少年时就有很高的志趣，曾撰写《五柳先
生传》，以"五柳先生"比拟自己，说：

　　不知道五柳先生是什么地方人，也不知道他的姓名，在他住宅的旁边有五株柳树，因此就把"五柳"作为他的号。他沉静寡言，不羡慕功名利禄。喜欢读书，但不过分穿凿字句，每当心中有所领悟，便高兴得忘记了吃饭。他性情嗜好酒，然而由于家境贫困，不能经常有酒喝。亲戚朋友知道他的这种情况，有的就备酒招呼他，他去饮酒，总要把酒喝光，希望能够喝醉。喝醉了就回家，从不舍不得走。他的住屋四壁空荡，不能遮风蔽日；他穿的粗毛短衣，破烂缝补；他的竹篮瓜瓢常常空着，如此清苦，却安逸自乐。他曾经撰写文章自寻乐趣，文章很能表达自己的志趣。他忘却世俗，愿意终生过着这种生活。陶潜自己是这样叙述的，时人说这是实际的记录。

　　陶潜的双亲年老，家境又贫穷，起初他任江州（今江西九江）祭酒，因不能忍受官职的拘束，便辞职回乡。州府又召他作主簿，他不接受。他亲自耕耘种作，以自供自给，他的身体瘦弱疲病。后来在镇军将军刘裕幕府中任镇军参军，又在建威将军刘敬宣的幕下任建威参军，他向亲朋好友说："我姑且以出任官职来作为归隐田园的本钱，行吗？"当官的听后，便任命陶潜为彭泽令。公家的田地全都指使差役种粘稻，他的妻子坚持请求种粳稻，于是，他就用五十亩地来种粘稻，用五十亩来种粳稻。郡守派了督邮到彭泽，县官告诉陶潜应该整饰衣冠，束紧衣带去拜见督邮，陶潜愤慨地说："我不能为了五斗米而向小人弯腰。"当天，陶潜解下官印，辞掉了县令的官职。陶潜写了《归去来》赋，赋中写道：

　　回去啊！田园将要荒芜了，为什么还不回去？既然自己的心志被形体所驱使，又为什么惆怅而悲愁呢？认识到过去已经不可挽回，知道未来尚可以弥补。确实迷失了道途，好在尚不远，领悟到今天的正确、昨天的错误。回归时，水路中，船摇晃着是那样轻快飘扬，风轻飘飘地吹拂着衣裳；陆路上，向行人询问前面的路程，可恨的是星光微弱，辩认不清。

看见了简陋的家屋，高兴得奔跑过去。家僮仆人高兴地出来迎接，幼子等候在家门口。屋前的小路已经荒芜，但松树、菊花还在！拉着幼子进入屋内，酒器里盛满了酒，拿来了酒壶酒杯，自斟自酌。悠闲地观望着庭院里的树木，脸上露出了愉快的神情。靠着南边的窗子，寄托着傲世的情怀，深知狭小的屋室仅能容纳足膝，却也适宜于安身。每日在园子里散步倒也自成乐趣，屋子虽然设了门，门却经常关着。拄着手杖优游竭息，时常抬起头远处眺望，云朵无意地飘出山头，鸟儿飞倦了也知道归巢。日光暗淡，太阳将落，我抚摩着松树，独自流连徘徊。

回去啊！愿与世间息绝交游。世俗与我相违背，再驾车出游还能有何要求？喜欢与亲戚谈心，乐于弹琴读书以消除心中的忧愁。农夫们告诉我春天到了，将要在田地上耕作。有的驾着篷车，有的划着小船，顺着山路蜿蜒曲折地进入幽深的山谷，沿着崎岖不平的山路，经过了小山岗。树木欣欣向荣，泉水缓缓流动。羡慕万物适时地生长，感叹我的生命可将要结束。

算了吧，寄身于天地间能有多久？为什么不随着心意决定自己的行止？为什么要心神不定又想到哪儿去了呢？富贵不是我的愿望，仙境也不可能期待。有时乘着美好的时光独自去游赏，有时放下拐杖去除草培土。登上东面的田边高地放声长啸，面对清澈的流水吟诗。姑且顺应自然而终归死去，乐天知命，还会有什么疑虑？

义熙末年，征召陶潜为著作佐郎，陶潜不接受。江州刺史王弘要与陶潜认识，但未能达到目的。陶潜曾到过庐山，王弘让陶潜的朋友庞通之带着酒具在半路上的栗里邀请陶潜。陶潜患有脚病，便差派一个差役和二个小孩抬着竹轿去请陶潜。陶潜来到后，便高兴地一块喝酒。不多时，王弘来了，陶潜也没与他过意不去。此前，颜延之任刘柳后军功曹，在浔阳与陶潜款叙情怀。后来颜延之任始安郡守时，经过浔阳，天天去造访陶潜，每次前往，必然一醉方休，临离开时，留下二万钱给陶潜，陶潜全都存入酒店，逐渐去取酒来喝。曾经在九月九日重阳节时没有酒，他走出门在屋子旁边的菊花丛中坐了很久，正逢王弘送酒来到，他马上就地喝了起来，到喝醉了才进家门。陶潜不懂音乐，却存有一张素琴，琴没有弦，每当他酒喝够了，总是抚弄着素琴，以此来寄托自己的心志。不分贵贱，只要来造访他的，凡是有酒，他总要摆出来，如果陶潜先喝醉，就会对客人说："我喝醉了，要睡了，你先走吧。"陶潜就是如此地纯真，直率。郡守去探望陶潜，正逢陶潜的酒酿好，便拿下头上的葛布巾来过滤酒，滤完酒，又将葛布巾戴在头上。

陶潜幼年官微，并考虑放弃或接受某种官职，自以为曾祖父陶侃是东晋皇帝的辅政大臣，而感到羞耻的是生为后代的他，却身份低微，屈居人下。从曾祖以后，帝王的基业虽然逐渐兴隆，陶潜却不肯再做官了。他所撰写的文章，都写上写作的年、月，义熙以前，则写晋朝年号；自永初以后，只写明甲子而已。给他儿子的信中，谈了自己的志趣，并且拿它作为对儿子的教导和告诫。信中说：

天地赋人以生命，人有生也有死，自古以来的圣人贤士，有谁能够幸免呢？子夏说过："生死由命运，富贵在天。"子夏也是与孔子四个得意门生一样的人，他亲身受过孔子的亲口教诲，他发表这种议论，难道不是因为命运的好坏而不可妄意追求、寿命的长短永远无法从分外求得的缘故吗？我已经过了五十岁，还为穷苦所困扰，因为家境贫穷破败，只好到处飘泊。我的本性刚直、才质倔强，因而与世人不和，自己估计这样做下去，必定留下来自世俗的祸患。勉强辞官归隐，辞别世俗，却使你们幼小时便遭受饥寒之苦。常被东汉孺仲的贤妻的话所感动，自己盖着破棉絮，对儿子又有什么可惭愧的呢？只恨邻居没有羊仲、求仲那样的高士，而家中又没有像老莱子的妻子那样的贤妻，抱着这样的苦心，确实独自感到怅然失意。

幼时喜欢读书，偶然也爱闲适恬神，打开书卷阅读，心有所得时，便高兴得忘记吃饭。看见树林枝叶交错成阴，听见鸟婉转鸣叫，便又高兴得很。我曾说过，五、六月在北边窗下闲卧时，恰逢凉风突然吹来，便自称是伏羲时代以前的人了。意志浅薄，学识寡陋，岁月瞬息流逝，远远地回顾过去，一切是那么的渺茫！

患疟疾以来，身体逐渐衰弱了。亲戚、老朋友不遗弃我，经常拿来药物相救助，不过，恐怕自己的寿命已经不久。可恨的是你们还幼小，家境贫困，没有仆人，劈柴打水等劳动，什么时候可以免啊！只在嘴里叨念着，怎能用言语表达呢？你们虽然不是同一个母亲生的，但你们应该想到四海之内都是兄弟。鲍叔和管仲在分钱财时，管仲多分，鲍叔并不猜疑；归生和伍举各事其主，路上相遇仍能坐在荆条上款叙以往的友情。鲍叔能帮助管仲转失败为成功；伍举因在国丧时，在郑国维护了公子纠的地位而立了功。他们这些人尚且如此，更何况同父亲生的人呢？颍川的韩元长是汉末的名士，身处辅助国君的执政大臣地位，八十岁时才辞世，兄弟却住在一起，一直到年老。济北的氾稚春是西晋时节操品行高洁的人，他七代人拥有共同的财产，家里所有的人都没有埋怨的神色。《诗经》中写道："在高山上能高瞻远瞩，在大路上能通行无阻。"你们要谨慎啊！我还有什么话可说呢？

　　陶潜还写了《命子诗》留给他的儿子，诗中写道：

　　我的祖先是那么悠远，可以追溯到帝尧陶唐。尧的儿子丹朱作了舜的虞宾，此后，历代留有功德的光辉。陶唐氏的后裔御龙曾任职夏朝、豕韦又辅佐商朝。周朝司徒陶叔，端庄盛美，他的宗族因他而昌盛。纷乱的战国时代以及寂寞无闻的周朝衰落时期，陶氏人才有的隐居林间，有的则隐居于山中。周末群雄战乱，犹如奔窜的虬龙蟠绕云上，飞驰的鲸鱼惊起了浪涛，由于上天成全而建立了汉朝，愍侯陶舍也就得到了眷顾。光荣的愍侯，运气当是依附帝王以建功立业。手执宝剑清晨起舞，他的战功是那样的显著。面对山河立下誓言，开辟疆土拓展地域。汉景帝时的丞相陶青是那样的勤勉，他精诚地追随帝王辅佐朝政。长河浩瀚渺茫，大树郁郁苍苍。众多的支流疏导长河，繁多的枝条罗盖大树。君子有时沉默独处，有时发愤入世，命运本来就有高贵，也有低贱。直到东晋，祖辈功业显赫于长沙（今湖南），英武的长沙公曾祖上封地，独揽荆、湘、江等州军事大权。功成后便辞官返乡，面临荣耀而心不迷乱，谁说此种心志，中近民可以有的呢？我的祖父武昌太守陶茂很严肃，始终谨慎小心。他正直执法，是荆、江二州刺史属官的模范，他的恩惠，使全郡人民和悦。父亲是多么仁慈啊！他淡泊虚疏，托身于仕途，对官职的得失，喜怒都不形于色。慨叹我自己孤陋寡闻，远望前辈，自己都不及他们。感到惭愧的是头发已经花白，而只能背负日光单身孤立，应受五种惩罚的罪过，莫过于没有后代。真正值得我思念的是听到你呱呱落地的哭泣声。在吉日良时为你占卜，给你起名叫俨，取得表字叫求思，你要朝夕保持温和恭敬，我所盼望的就在于此。我还想到孔丘的孙子孔鲤，希望你能跟上他成为肖孙。长疮的人夜半生子，便拿来火光察看，生怕儿子像自己。君子有自己的志趣，为什么要等待我呢？既然看着他出生，确实希望他能令人满意。人们也说，这种感情是真切的。岁月流逝，你将逐渐长大。福不会无缘无故地来到，祸害也容易降临。早起晚睡，时刻盼望你能成才，如果你不才，也只好哀叹"亦已焉哉"。

陶潜于元嘉四年（427）去世，时年六十三岁。

南

齐

书

《南齐书》概论

　　南朝宋、齐、梁、陈四代，齐历时最短，从公元479年齐高帝立国至502年齐和帝被废，仅二十三载。有如昙花一现的齐代，是处于南北朝时期大分裂局面下偏安一隅的小国，它的历史命运，注定了记载齐代历史的专门史书——《南齐书》不可能有壮观之貌。然而，这并不能丝毫降低《南齐书》的价值，相反在专门记载齐史的著作舍此无存的情况下，它成了治南北朝史，尤其是齐史的必备书了。

一

　　《南齐书》的作者萧子显（489—537），字景阳，南兰陵郡南兰陵县（今江苏常州市）人。出身于南齐贵族齐高帝萧道成之孙。萧子显一生著述宏富，据史书记载，有《后汉书》一百卷，《齐书》六十卷，《普通北伐记》五卷，《贵俭集》三十卷、《文集》二十卷。另有诗赋《鸿序赋》一首，"体兼众制，齐备多方，颇为好事者所传，故虚易远"。可惜这些著作除《齐书》外均已失传。

《南齐书》原名《齐书》，后世为了与《北齐书》区别，才加了一个"南"字而成今名。《南齐书》原书六十卷，《隋书·经籍志》、《旧唐书·艺文志》均载六十卷，曾巩的《录》始称"《南齐书》五十九卷"，前人史家推断，"盖子显欲仿沈约作自序一卷，附于后，未成就；或成而未列入耶。"（《二十二史劄记》）又据《南史萧子显传》"自序二百余字"的记载，进而推论，"岂即其附《齐书》后之作，而延寿撮其略，入于本传者耶？"（同上）

《南齐书》的取材有二：其一是前人所撰史书。齐虽历时短暂，但仍继承了往代撰修正史之传统。《南齐书·檀超传》载："建元二年，初置史官，以超与骠骑记室江淹掌史职。上表立条例，开元纪号，不取宋年，无假年表。立十志：律历、礼乐、天文、五行、郊祀、刑法。艺文依班固，朝会、舆服依蔡邕、司马彪，州郡依徐爰。百官依范晔，合州郡。"又改日蚀入天文志，立帝女传、处士传、列女传。诏内外详议。王俭认为，

"宜立食货，省朝会"，承袭前代五行，省帝女传，帝女中"若有高德异行，自当载在列女"。通过审议，皇帝批复，"日月灾隶天文，余从俭议"。由此看来，齐代史书的体例早在齐时就已通过反复审议而初步拟定。檀超"史功未就"而卒，江淹则撰成《齐史》十志行于世。刘知几的《史通·古今正史》载："江淹始受诏著述，以史之所难，无出于志，故先著十志，以见其才"。另外萧子显撰《南齐书》之前还有沈约的《齐纪》二十卷，吴均的《齐春秋》三十卷，王逸的《齐典》五卷、熊襄的《齐典》十卷等，这些都为萧子显作《南齐书》作了资料准备和前期撰述工作。其二是齐宫廷收藏的档案文献。萧子显乃齐之皇族，齐亡时十四岁，齐代发生的种种事件，他亲眼所见者不少。更为重要的是，他利用皇族身份之便，阅览了大量宫廷收藏的档案文献，占有了他人不易获得的大量资料。《南齐书》编就，表奏皇上，诏付秘阁，所以能够完整保存，流传至今。

二

《南齐书》继承前代纪传体史书的传统，有纪八卷、志十一卷、列传四十卷。纪的部分，主要记载齐代七帝史事，与往代正史相比，体例上没有多大变化。志的部分，略异于它史，《艺文》、《沟洫》、《食货》、《刑法》等重要志缺无，并《郊祀》、《舆服》二志入《礼志》。历代史家多认为《南齐书》中的《百官》、《州郡》二志传述详实，最具参考价值。列传部分，其写法仿于《宋书》，而类传较有特色，并在名目上作了更动。如改《宋书》之《良吏》为《良政》、《隐逸》为《高逸》、《恩幸》为《幸臣》、《索虏》为《魏虏》，专立《文学》，等等。

　　《南齐书》主要优点在于：第一，它记录的内容较为真实。萧子显身为南齐贵族，较早参与政治，南齐发生的许多事情，他都亲历目睹，这使得《南齐书》的很多材料都直接采用了第一手资料。《南齐书》成于梁代，而齐、梁又同为萧氏朝代，梁代齐后，完整地保存了齐代的档案文献，作者利用皇族身份之便，查阅了大量齐代原始材料，从而保证了《南齐书》材料的真实性。第二，保存了一些重要的资料，对研究科技史、文化史有重要的参考价值。《南齐书》在"文学"列传中写进了祖冲之，并全文引用了祖冲之所上"大明历"表。另外，还记录了他创造指南车、千里船、水推磨的过程和机械特点。这些都是研究齐代科技史的珍贵资料。第三，志中的《百官》、《州郡》二志，史料价值较高。《百官志》记载"侍中"，谓"汉世为亲近之职。

魏晋选用，稍增华重，而大意不异。宋文帝元嘉中，王华、王昙首、殷景仁等，并在侍中，情在亲密，与帝接膝共语，貂拂帝手，拔貂置案上，语毕复手插之。孝武时，侍中何偃南郊陪乘，銮辂过白门阙，偃将匄，帝乃接之曰：'朕乃陪卿。'齐世朝会，多以美姿容者兼官。永元三年，东昏南郊，不欲亲朝士，以主玺陪乘，前代未尝有也。侍中呼为门下。亦置令史……"如《州郡志》载："巴州，三峡险隘，山蛮寇贼，宋太始三年，议立三巴校尉等镇之。后省，升明二年，复置。建元二年，分荆州巴东、建平，益州巴郡为州，立刺史，而领巴东太守，又割涪陵郡属，永明元年省，各还本属焉。"这些重要的记载，详实地反映了当时职官、州郡的设置与变迁，为研究当时的政治、文化和地理沿革有重要参考价值。第四，文字精炼，合传较多，并采用了类叙方法。文字精炼，是《南齐书》作者用笔的一大特点。这主要表现在列传上，他以合传的方法，对人物的共同之处不重复用墨，避免了词句的重复。其合传分为两种，一是同类合传，一是同姓合传。同类合传有"皇后"、"文学"、"良政"、"高逸"、"孝义"、"幸臣"、"魏虏"等，同姓合传主要是王子列传。合传便于查找资料，使用时根据以"以类相求"的原则，很容易找到所欲求的史料。

三

尽管《南齐书》有上述优点，其不足之处有以下几点：第一，作者以唯心主义的史观，把英雄创造历史的谬说与宿命论结合起来，站在地主阶级的立场上，把封建地主阶级的代表人物写成创造历史的英雄，把封建统治秩序说成是永恒的社会秩序。他不只象别的宿命论者那样，从相貌以及一些自然现象去附会'天命'以神化皇权，而且特别强调'历数'，把皇权的转移说成是先天的安排，不是争夺得来的，都表现一个'天意支配下的历史程序'。正所谓"圣人之有天下，受之也，非取之也"。不仅如此，作者还大肆宣扬因果报应的观点，例如将佛教抬到高乎其他一切学派的地位。第二，书中有重要失实之处。作者在行文时，对有损齐朝廷形象的历史事件采用了曲笔方式，从而有违历史事实。例如《高帝纪》，对高帝令王敬则勾结杨玉夫等人杀宋苍梧王之事不书，只言"玉夫杀帝，以首与敬则，呈送高帝"，根本看不出高帝杀君夺位之迹。第三，有些叙事过于简略。《州郡志》虽对州郡的地理位置及沿革记载详备，但"州郡不著户口"，这使得有关当时经济状况的材料缺乏。

政　略

清官刘怀慰

怀慰①至郡②，修治城郭③，安集居民，垦废田二百顷，决沈湖灌溉。不受礼谒④，民有饷⑤其新米一斛者，怀慰出所食麦饭示之，曰："且食有余，幸不烦此。"因著《廉吏论》以达其意。

（《南齐书·刘怀慰传》）

【注释】

①怀慰：刘怀慰，南朝宋齐时人。②至郡：指刘怀慰齐高帝时被任命为齐郡太守，到郡上任。齐郡，此指齐所置，治所在瓜步（今江苏六合）。③城郭：古时指内城与外城为城郭，亦泛称城邑。④礼谒：礼节性拜见。⑤饷：赠送。

【译文】

刘怀慰到了齐郡任上，修治内城池，安定百姓，开垦荒田二百顷，开通沈湖，用以灌溉。他不受别人的礼节性拜访，百姓有送给他一斛新米的，他就拿出自己所吃的麦饭给人看，说："我每天除了吃的仍有剩余，不必麻烦给我送这送那。"他还专门写了《廉吏论》以表达自己的清廉之意。

一身之外　亦复何须

永明三年，（裴昭明①）使虏②，世祖③谓之曰："以卿有将命之才④，使还，当以一郡相赏。"还为始安内史⑤，郡民袭玄宣，云神人与其玉印、玉版书，不须笔，吹纸便成字。自称"龚圣人"，以此惑众。前后郡守敬事之，昭明付狱治罪。及还，甚贫罄⑥。世祖曰："裴昭明罢郡还，遂无宅。我不谙书，不知古人中谁比？"……

……昭明历郡皆有勤绩，常谓人曰："人生何事须聚蓄，一身之外，亦复何须？子孙若不才，我聚彼散；若能自立，则不如一经⑦。"故终身不治产业。

（《南齐书·裴昭明传》）

【注释】

①裴昭明：南朝宋齐时人，《南齐书》入《良政列传》。②使虏：指出使北魏。"虏"是南方政权对北朝的蔑称。③世祖：此指齐武帝。④卿有将命之才：卿，古时对人的尊称。将命，传达言辞。⑤始安内史：始安，郡名，治所在始安（今广西桂

林）。内史，相当于太守，是郡的长官。⑥罄（qìng）：尽，空。
⑦一经：指任何一部儒家经典。西汉时韦贤、韦玄成父子皆以
明经官至丞相，故时有谚曰："遗子黄金满籝（筐笼一类的竹
器），不如一经。"

【译文】

永明三年，裴昭明出使北魏，世祖对他说："你有传达言
辞的才能，出使回来后，要以一郡之官赏你。"待他回归，被
任命为始安内史。当地有个叫龚玄宣的，说什么神人给了他玉
印、玉版书，不用笔，往纸上一吹，就会成字，自称"龚圣
人"，以此来迷惑众人。前面好几任郡守对他敬重，而昭明到
任，就把他抓进了监狱。在他离开始安时，十分贫困。世祖说：
"裴昭明从始安离任还，结果连住的地方都没有。我不熟悉书，
不知古人中谁是这样的?"……

……裴昭明在历经任职的郡都有勤政之绩，他常对人说：
"人活在世上，为什么要聚蓄财富，一身之外，还要什么呢?
子孙如不成才，我聚他散；子孙若能自立，那再多财富还不如
一部经典。"因此他一生都不积蓄家产。

御　人

孔琇之为官

（孔琇之）出为临海太守，在任清约，罢郡还，献干姜二十斤，世祖①嫌少；及知琇之清，乃叹息。

（《南齐书·孔琇之传》）

【注释】

①世祖：此指齐武帝萧赜。

【译文】

孔琇之出任临海太守，任职期间清正俭约，从临海离任返京，献上干姜 20 斤，世祖嫌少；等知道孔琇之清正的事迹，为之叹息。

张敬儿求官

太祖①以敬儿②人位既轻，不欲便使为襄阳重镇，敬儿求之不已，乃微动③太祖曰："沈攸之在荆州，公知其欲何所作？不出敬儿以防之，恐非公之利也。"太祖笑而无言。乃以敬儿为持节④、督雍梁二州郢司二郡军事⑤、雍州刺史，将军如故⑥，封襄阳县侯，二千户⑦。部伍泊沔口⑧，敬儿乘舴艋⑨过江⑩，诣晋熙王燮⑪。中江遇风船覆，左右丁壮者各泅走，余二小吏没舱⑫下，叫呼"官"⑬，敬儿两掖挟之，随船覆仰，常得在水上，如此翻覆行数十里，方得迎接。失所持节，更给之。

（《南齐书·张敬儿传》）

【注释】

①太祖：此指南朝齐高帝萧道成。②敬儿：张敬儿，本名苟儿，出身将家，武艺高强，宋末追随齐高帝。③微动：以言语打动。④持节：官名，刺史而总军务者所任。⑤"督雍梁二州"句：雍州，治所在襄阳。梁州，治所在南郑（今陕西汉中）。郢州，治所在汝南（治夏口城，今湖北武汉市武昌）。司州，治所在平阳（今河南信阳）。郢、司二郡，为何二郡，不详。⑥将军如故：张敬儿先已为宁朔将军、辅国将军。⑦二千户：食封两千户。⑧沔口：今称汉口，在湖北武汉。⑨舴艋（zé měng）：小船。⑩江：特指长江。⑪诣晋熙王燮：诣，到，往见。晋熙王燮：宋朝宗室刘燮，时任郢州刺史。⑫舱：一种船的名称。⑬叫呼"官"：南朝时臣下对皇帝，百姓对官吏都可称"官"。

【译文】

太祖因为张敬儿资历尚浅，不想就让他担当襄阳重任，敬儿则一再请求，他用以打动太祖的理由是："沈攸之在荆州，您会料到他能干出什么事来？您要是不派敬儿去（襄阳）防止他，恐怕不利于您呀。"太祖笑而不说什么。于是，以张敬儿为持节、都督雍梁二州郢司二郡军事、雍州刺史，他所担任的将军之职如故，封他为襄阳县侯，两千户。他所率部队驻于沔口，自己乘着舴艋过江，去会见晋熙王燮。在大江中遇到风浪船翻了，左右身强力壮者都游泳逃生，剩两个小吏，在波涛中叫呼"官"，敬儿一臂挟一个，随船起伏，常在水面之上，如此漂流数十里，才得到援救。皇上给他的节也丢失了，又重新颁发。

法 制

傅琰断案

太祖①辅政，以山阴②狱讼烦积，复以琰③为山阴令。卖针卖糖老姥④争团丝，来诣⑤琰，琰不辨覈⑥，缚⑦团丝于柱鞭之，密视有铁屑，乃罚卖糖者。二野父⑧争鸡，琰各问"何以食⑨鸡"，一人云"粟⑩"，一人云"豆"，乃破鸡得粟，罪言豆者。县内称神明，无敢复为偷盗。琰父子并著奇绩，江左⑪鲜有。世云"诸傅有《治县谱》，子孙相传，不以示人。"

（《南齐书·傅琰传》）

【注释】

①太祖：此指齐高帝萧道成。②山阴：在今浙江绍兴。③琰：傅琰，南朝宋、齐时良吏，曾两任山阴令，皆有政绩。④姥（mǔ）：老年妇女。⑤诣：往见。⑥覈（hé）：查验；核实。⑦缚（chuán）：卷；绕。⑧野父：农夫。⑨食（shì）：喂鸡。⑩粟：古时经常作为谷类的总称。⑪江左：长江下游东部地区。

200

【译文】

太祖辅政，因为山阴打官司的多，案子难办，让傅琰再次担任山阴县令。有两个老妇，一卖针，一卖糖，争一团丝，前来找傅琰解决，傅琰并不勘问，查验，而是把团丝缠在柱上，以鞭抽之，而仔细一看，丝上有铁屑，于是就清楚了，罚卖糖的那人。两个农夫争一只鸡，傅琰各问他们"是拿什么喂鸡的"，一人说是"粟"，一人说是"豆"，就杀了鸡，结果证明鸡吃的是粟，于是就定说给鸡喂豆的那人的罪。一县之内，都称道县令的神明，无人再敢偷盗。傅琰父子俩都治绩出色，在江左地区是罕见的。世间广泛流传说"姓傅这家人有一本《治县谱》，子孙相传，不向外人宣示。"

袁彖被释

彖①性刚，尝以微言②忤③世祖，又与王晏④不协，世祖在便殿⑤，用金柄刀子治瓜⑥，晏在侧曰："外间有金刀之言，恐不宜用此物。"世祖愕然，穷问所以。晏曰："袁彖为臣说之。"上衔怒⑦良久，彖到郡⑧，坐逆用禄钱⑨，免官付东冶⑩。世祖游孙陵⑪，望东冶，曰："中有一好贵囚。"数日，车驾与朝臣幸冶，履行库藏，因宴饮，赐囚徒酒肉，敕见彖与语，明日释之。

（《南齐书·袁彖传》）

201

【注释】

①彖（tuán）：袁彖，南朝宋、齐间人，官至侍中（实际相当宰相）。②微言：隐含深义之言。③忤：冒犯。④王晏：南朝宋、齐间人，官至侍中。⑤便殿：宫中帝王休息宴游的别殿。⑥治瓜：削瓜；切瓜。⑦衔怒：记恨。⑧郡：指吴兴郡（治所在乌程，今浙江吴兴）。袁彖被任命为冠军将军，监吴兴郡事。⑨坐递用禄钱：坐，因……而得罪。递用，预支。禄钱，官吏的俸钱。⑩东冶：南朝设东冶、南冶，收领囚徒，从事生产。⑪孙陵：三国吴孙氏陵区。

【译文】

袁彖性格刚直，曾因含义深微之言冒犯了世祖皇帝，与王晏关系不好。一天，世祖在便殿，用金柄刀子切瓜，王晏在旁边，说："外面正流传金刀怎样的话，皇上恐怕最好不要用这家什。"世祖感到吃惊，就追问这话从何而来，王晏便说："是袁彖对我说。"皇上记在心中，恨恨不已。袁彖到了吴兴郡，因为预支俸禄钱的事，被免去官职，送付东冶干苦工。世祖游孙陵，遥望东冶，说："那里有一名不一般的囚犯。"数日之后，坐着车，带着群臣来到东冶，步行巡视了库房，又设宴，分赐囚徒酒肉，传下命令，召袁彖来见，君臣间说了些话，次日，释放了袁彖。

理　财

齐明帝"好俭喜约"

上①慕俭约，欲铸坏太官元日上寿银酒缶②，尚书令王晏等咸③称盛德。颖胄④曰："朝廷盛礼，莫过三元⑤。此一器既是旧物，不足为侈。"帝不悦。后预曲宴⑥，银器满席，颖胄曰："陛下前欲坏酒铛，恐宜移在此器也。"帝甚有惭色。

（《南齐书·萧颖胄传》）

【注释】

①上：皇上，此指齐明帝萧鸾。②"欲铸坏"句：铸坏，销熔。太官，负责皇帝饮食宴会的官职。元日，新年元旦。酒铛，暖酒之器，又称"酒铛"。③咸：都；全。④颖胄（zhòu）：其父萧赤斧为齐高帝萧道成族弟。萧颖胄有文义，有器局。⑤三元：元旦，为新年第一月的第一天，故称"三元"。⑥后预曲宴：预，参加。曲宴，宫中之宴。

【译文】

　　齐明帝追求俭朴节约，打算把太官元旦之日上寿所用的银酒铛给销熔掉，尚书令王晏等人都因此称赞皇上有盛德。萧颖胄却说："朝廷举行的典礼，隆重者莫过于每年的三元。这一器物早已置办，留着它也算不上奢侈。"皇上听后不悦。后来，萧颖胄参加宫中宴会，见满桌都是银器，便对皇上说："陛下前此打算销熔的那个银酒铛，恐怕应当放在这里来。"皇上十分惭愧。

宋明帝贪吃丧命

　　帝①素能食，尤好逐夷②，以银钵盛蜜渍之，一食数钵。谓扬州刺史王景文曰："此是奇味，卿颇足不？"景文曰："臣夙③好此物，贫素④致之甚难。"帝甚悦。食逐夷积多，胸腹痞⑤胀，气将绝。左右启饮数升酢酒⑥，乃消。疾大困，一食汁滓犹至三升，水患积久，药不复效。大渐⑦日，正坐，呼道人⑧，合掌便绝⑨。

（《南齐书·虞愿传》）

【注释】

　　①帝：指南朝宋明帝（465—472）刘彧。②逐夷：鱼名，亦指晒干的咸鱼肠。③夙（sù）：早。④贫素：贫困。⑤痞：胸

中结块的病。⑥酢（cù）酒：发酸的酒。⑦大渐：病危。⑧道
人：有法术的人。⑨绝：死。

【译文】

宋明帝一向能吃，尤其喜欢吃逐夷，用银制的钵子装上蜜，
将逐夷渍在蜜中，他一吃就好几钵。他对扬州刺史王景文说：
"这是奇味，您也常吃吗？"王景文答道："我也早喜欢吃，因
没钱，要搞到不易。"明帝听了很高兴。吃逐夷太多，消化不
良，胸腹感觉胀，受不了了。左右给他喝了几升酸酒，才消了
下去。他的病很重了，吃顿饭，连汤带菜还要吃下三升，由于
水积得太多，影响了服药的效果。他病危那天，端正坐着，叫
道人过来，两手合掌间，气绝而亡。

德　操

沈约撰《宋书》

世祖使太子家令沈约撰《宋书》[①]，拟立《袁粲[②]传》，以审世祖。世祖曰："袁粲自是宋家忠臣。"约又多载孝武、明帝诸鄙渎事[③]，上[④]遣左右谓约曰："孝武事迹不容顿[⑤]尔。我昔经事宋明帝，卿[⑥]思讳恶之义[⑦]。"于是多所省除。

（《南齐书·王智深传》）

【注释】

①"世祖"句：世祖，此指齐武帝萧赜。太子家令，官名，太子属官。沈约，南朝著名的文学家、史学家，其所撰《宋书》百卷，今存。②袁粲：南朝宋人，初名愍孙，后改名。宋末萧道成打算代宋，他拟起兵杀萧道成，事泄被杀。③"约又多载"句：孝武，宋孝武帝刘骏。明帝，宋明帝刘彧。鄙渎事，丑恶之事。④上：皇上，即齐武帝。⑤顿：为难。⑥卿：古时对人的尊称。⑦讳恶之义：故意把丑恶之事隐而不提。

【译文】

世祖皇帝让太子家令沈约修撰《宋书》，打算写《袁粲传》，专为此事请示世祖。世祖说："袁粲可以肯定地说是宋家忠臣。"沈约又多多记载了宋孝武帝和明帝的丑恶之事，皇上派左右向沈约传达说："孝武帝的事迹嘛，就不为难改动了。宋明帝，我是经历过、臣事过的，请您要考虑有哪些事不该记载，这是讳恶之义。"因此删除了很多内容。

刘琎太迂阔

建元①初，刘琎②，为武陵王晔③冠军征虏参军④。晔与僚佐饮，自割鹅炙⑤，琎曰："应刃落俎⑥，膳夫⑦之事，殿下⑧亲执鸾刀⑨，下官未敢安席。"因起请退。与友人孔澈⑩同舟入东，澈留目观岸上女子，琎举席自隔，不复同坐。豫章王太尉板行佐⑪。瓛夜隔壁呼琎共语，琎不答，方下床著⑫衣立，然后应。瓛问其久，琎曰："向束带未竟。"其立操如此。文惠太子⑬召琎入侍东宫⑭，每上事，辄削草⑮。

（《南齐书·刘琎传》）

【注释】

①建元：南朝齐高帝萧道成的年号。②刘琎：南朝著名学

者刘瓛(huán)弟。③武陵王晔(yè)：齐武帝第五子萧晔。④冠军征虏参军：萧晔先任冠军将军，后转征虏将军。参军，参谋。⑤鹅炙：烤鹅。⑥俎(zú)：古代割肉类用的砧板。⑦膳夫：厨师。⑧殿下：指对太子或亲王的尊称。⑨鸾刀：有铃的刀。⑩孔澈：《南史》作孔逷。⑪"豫章王"句：豫章王，指南齐豫章王萧嶷，齐高帝次子，齐武帝时任太尉。板，以板授官。行佐：官名。⑫著(zhuó)：穿。⑬文惠太子：齐武帝萧赜长子萧长懋，武帝即位后为皇太子，未及继位而死。⑭东宫：太子所居之处。⑮削草：把草稿销毁。

【译文】

建元之初，刘瓛任武陵王萧晔冠军将军征虏将军参军。萧晔和手下官员们在一起饮酒，自己用刀割烤鹅吃，刘瓛说："动刀切割，是厨师做的事情，殿下亲拿鸾刀，下官感觉坐不下去了。"说着，真的起身要走。他与友人孔澈同舟东行，孔澈盯着岸上女子看，刘瓛就拿着席子，隔在两人之间，并再也不和他同坐了。豫章王，当时任太尉的萧嶷任命他为行佐之官。他的哥哥刘㻋夜里隔着墙壁叫他，要和他说话，他不答应，而是下床穿好了衣服再答应。哥哥问他为什么过了好一会才有回声，他答道："刚才是因为腰带还没有束好。"他的操行就是这样的。文惠太子召他入侍东宫，每次奏事，他都把草稿毁掉。

传世故事

齐明帝尽杀武帝诸子

临贺王萧子岳字云峤，世祖武皇帝第十六子。齐武帝永明七年（公元 489 年）被封为王。齐明帝（高宗）杀武帝诸子，只有子岳及六个弟弟后死，当时人称为"七王"。朔望日朝见，明帝回到后宫，便叹息说："我和爱卿的儿子们都不长久，可高帝、武帝的子孙一天天长大。"永泰元年（498 年），明帝病危，昏死后又苏醒过来，于是杀子岳等人。延兴、建武年间，齐明帝三次大杀诸王。每次杀戮之前，明帝都是先烧香，痛哭流泪，别人就知道今夜要杀人了。子岳死时，才十四岁。

兄弟相攻

萧宝玄娶尚书令徐孝嗣的女儿为妃，孝嗣被杀后被迫离绝，东昏侯送了两个少姬给他，宝玄很怨恨，暗中准备造反。第二年，崔慧景起兵，回到广陵（今江苏扬州市西北），派使者来拥戴宝玄为皇帝。宝玄把来使杀掉，调集将士守城。东昏侯派骑兵军主戚平、外监黄林夫帮助镇守京口（今江苏镇江市）。

崔慧景将要渡江，宝玄暗中接应，杀掉司马孔矜、典签吕承绪和戚平、黄林夫，打开城门迎接崔慧景。又使长史沈佚之、谘议柳憕指挥着军队，自己坐着八扛舆，手持绛色旗，跟着崔慧景到了京城，住东府，老百姓投奔他的很多。崔慧景败亡后，官军得到了大量投给宝玄及慧景军的名片，东昏侯下令烧掉，说："江夏王尚且造反，怎可再对别人治罪。"宝玄逃跑后，几天才露面。东昏侯把他叫进后堂，用步障裹上，命令身边的几十个无赖击鼓吹角，在外面围了很多重，派人对他说："你当时围攻我时也是这样的。"过了几天，才把宝玄杀掉。

崔慧景起兵围建康

崔慧景起兵，进军至查硎，竹塘人万副儿善于射猎，能捕老虎，投奔慧景，说："现在平路都被官军切断，不能再走。只有从蒋山的山尾上进兵，出其不意。"慧景听从了他的建议，分派千余人沿着山路鱼贯而进，夜里从西边下山，喊叫着冲向城中。官军惊恐，立时逃散。东昏侯又派右卫将军左兴盛率台城内的官军三万人到北篱门阻击崔慧景，左兴盛军望风退走。慧景率兵入乐游苑。崔恭祖带十余名轻装骑兵冲进北掖门，后又退回。官门全部关闭。慧景便包围了皇宫。此时，东府、石头、白下、新亭各城皆溃。左兴盛逃回，不能入宫，又逃到秦淮河渚的荻船中，被崔慧景捉住杀掉。宫中派兵出战，败归。崔慧景放火烧掉兰台府署作战场，守卫尉萧畅率军驻扎在南掖门，指挥城内的军事，随时应战，城内这才逐渐安定。

张绪父子显才

张绪，从小就很有节操，叔父将他比作古代的乐广。张绪后入仕，累官至国子祭酒、散骑常侍、金紫光禄大夫。张绪很有学问，尤其精通周易，讲解起来，常有精妙之语，时人都很佩服。张绪由刘宋入齐朝，仍然在朝为官，前后历经数帝，齐高帝、齐武帝、刘明帝等都十分赞赏他清淡有节，风姿高雅。

张绪一生清简寡欲，口不言利，有钱财就散给部下，或施舍于人，确实很有清节。他行为端正，有时穷得整日没有吃的。门生见他饥寒，为他煮食物，他从不主动索求。张绪又耿介不肯阿谀人，有一次和客人闲谈，张绪自称道："我从不知道低声下气奉承别人！"此语传到朝廷宰相耳中，引起他心里老大的不舒服，为此，张绪被外放，出任吴郡太守。

张绪的儿子张充，字延符，入仕时已是南朝齐代，比他父亲晚了几十年。张充跟父亲一样，也精通《老子》、《周易》之学，后也担任国子祭酒、散骑常侍、金紫光禄大夫。张充之所以后来能够很有学问，并立朝为官，与其悟性和父亲教导有关。

当张绪在朝廷为官时，远离家乡苏州。张充和诸兄弟们没有父亲管束，在家乡便放浪形骸，不拘小节，肆意玩乐起来，不把学习放在心上。张充特别喜欢打猎，一有工夫，就牵狗架鹰，到郊外尽兴打猎。

一次，张绪回乡探亲，刚刚走到苏州城西郊，便碰到儿子张充在那里打猎。只见张充左手臂上停着一只猎鹰，右手牵着一只猎犬，嘴里还大声吆喝着，显得兴致勃勃。一见到父亲，张充顿时不知所措，急忙将臂上的鹰和牵着的猎犬都放走，恭恭敬敬地向父亲下拜行礼。张绪没有声色俱厉地训斥儿子，只是语气沉重地说道："你又要呼鹰，又要牵狗，不觉得太辛苦吗?"张充受到父亲的责备，认识到自己的过错，便一面向父亲行跪拜之礼，一面郑重其事地回答父亲道："古语所谓'三十而立'，儿子今年已经二十九岁了。请父亲大人放心，到明年再看，我一定下决心完全改过!"此时，张绪便不再对儿子加以责备，而是马上用鼓励的语气对儿子说："有了过错知道改正，仍然不失为贤人，过去孔子的学生也有过这样的事。"

张充是悟性极高的人，受了父亲的批评，便真的下决心改过。他彻底丢弃了过去的坏毛病，修身养性，刻苦攻读。还不到一年，他就已经读了很多书，并且精通了《老子》、周易之学。和他的叔父张稷一道，名声极好。

张充成才以后，还有个小插曲：齐武帝曾经想任命张绪为尚书仆射，这时尚书令王俭当朝，王俭不同意，加以谏止，其中的一个理由是张绪的儿子年少时行为缺乏检点。张充听到此事，特意写了一封长信给王俭，予以辩解。这封长信，载于《梁书》中。于此可见，一个人行为失检，其造成的影响是多么难以消除啊!尽管已事过境迁，但仍然会在个人历史上留下一个丑陋的影子。

（《南齐书·张绪传》、《梁书·张充传》）

人物春秋

流俗势力　终被赐死——江谧

　　江谧字令和，是济阳考城人。江谧当初曾被关押在尚方署，孝武帝平定京城后，才被放出来。初仕任奉朝请，辅国行参军，于湖县令，为官精干称职。宋明帝任南豫州刺史时，江谧倾身侍奉，明帝对他很是亲信。明帝做皇帝后，任江谧为骠骑参军。其弟江蒙相貌丑陋，明帝经常把他叫来戏侮取乐。

　　江谧转任尚书度支郎，不久迁任右丞，兼比部郎。泰始四年（468），江夏王刘义恭的第十五个女儿死去，其时十九岁，尚未行笄礼。礼官讨论应按成人行葬礼，诸王着"大功"丧服。左丞孙缌特别上奏说："《礼记》上说女子十五而笄，郑玄解释为此是针对已许嫁的女子而言的。至于未许嫁的女子，则二十岁行笄礼。射慈说十九岁死仍然属于殇。因此礼官的决定不合经典，没有根据。"朝廷决定对博士太常以下礼官都检讨认错；江谧因此受杖责五十，停职百日。江谧又上奏说："孙缌事先没作研究辨析，混同谬议。按照惯例，也应受责罚。"于是孙缌又检查认罪。皇上下诏允诺。

二十四史精编

　　后来江谧出任建平王刘景素冠军长史、长沙内史，行湘州事，为政苛刻。僧遵道人与江谧关系密切，随江谧到郡里，只因犯些小事，便被他下到郡狱里，僧遵撕衣为食，三件衣都吃完了，便被活活饿死。此事被有关部门揭发，江谧被调回京城等待处理。明帝驾崩后，江谧遇赦幸免。后任正员郎，右军将军。

　　太祖萧道成统领南兖州时，任江谧为镇军长史、广陵太守，入都任游击将军。江谧品性流俗，善于趋利附势。元徽（473～477）末年，朝野都有心拥戴建平王刘景素，江谧便使劲巴结景素，后来景素失败，江谧几乎丧命。苍梧王被废以后，人心未定，江谧便竭诚归服太祖，被任命为以本官领尚书左丞。升明元年（477），迁任黄门侍郎，左丞仍旧。沈攸之事件暴发，朝议加太祖黄铖，就是江谧的建议。沈攸之被平定后，江谧迁任吏部郎，渐受信任。又迁任太尉谘议，领录事参军。齐王国设置建制时，江谧任右卫将军。建元元年（479），迁任侍中，出任临川王平西长史、冠军将军、长沙内史、行湘州留事，先遣到镇所，其后骠骑豫章王萧嶷领湘州，任江谧为长史，将军、内史，知州留事仍旧。被封为永新县伯爵，食邑四百户。建元三年，任左民尚书。诸位皇子出阁用文武主帅，都让江谧来安排。不久皇下敕说：“江谧本为寒门，按说不应和贵族平等使用。但他甚有才干，可以让他主持吏部工作。”

　　江谧长于刑法诉讼，他分管的部门很有成绩。太祖驾崩时，江谧推说有病不入内殿，众人都推测他是因没被参予顾命而心怀不满。世祖萧赜做皇帝后，江谧没有被升官，因此心中怨恨。

214

后来世祖生病，江谧去见豫章王萧嶷，鼓动说："皇上这病是没指望了，太子又没什么才能，你现在有什么打算呢？"世祖知道后，让江谧出京去任征虏将军、镇北长史、南东海太守。还没出发，世祖又命御史中丞沈冲揭发江谧前后罪行，下诏赐死，当时江谧五十二岁。

精通历法　长于技艺——祖冲之

冲之少年时代就研习古事，思想机敏。刘宋孝武帝把他安排在华林园省察工作，赐给他住宅、车马和衣物。又派他到南徐州任从事史，从而入仕，后来被调回中央任公府参军。

刘宋元嘉时，所使用的历法为何承天所制《元嘉历》，比古代十一家历法更精密，可祖冲之认为粗疏，于是更造新的历法。给皇帝上奏说：

我广泛搜访前人书籍，深入研究古代经典，五帝时的躔次，三王时的交分，《春秋》中的气朔，《竹书纪年》中的薄食，司马谈、司马迁的载述，班彪、班固的列志，曹魏时的注历，晋代的《起居注》，以寻求古今之异，考察总结了华族和少数民族的历法。自产生文字以来，二千多年，日、月相离相会的迹象，五星行度疏密之验证。我是专门下功夫深入思考，都是能够知道而可讲述的。特别是自己测量圭尺，亲自观察仪器和计时器漏刻，眼睛完全看到毫厘小数，心中进行计算，考查变迁，这就深入掌握了其它历法的详情了。

然而古代历法粗疏错误，大都不够精密，各家互有矛盾，他们未能研究出对它的正确认识。等到何承天所献上的历法，他愿望是要改革，可是设置的法则简略。根据我的校验，看到它的三个错误：日月所在位置，发觉其误差三度；冬至，夏至晷影长度几乎失误一天；五星见伏的日期，误差达到四十天，留逆进退，有的推移了两个星宿。春秋分冬夏至失去真实，则节气置闰就不正确；宿度不与天象实际相符，则等候观察就无准。我生逢圣明的时候，都赶上好运气，敢于拿出愚盲，再次创造新的历法。

　　谨提出改变的设想有二，设置法则的情况有三。改变的第一点：按旧法一章，为十九年设有七闰，闰数多了，经过二百年就差一天。节气置闰既然变动，则要相应改变闰法，日月运行轨道的分纪就屡次迁改，是由于这一条。现在改章法为三百九十一年设有一百四十四闰，令其符合周代、汉代之法，那么将来就能永远使用，不会再出现差误变动。第二点：根据《尚书·尧典》所说"日短星昴，以正仲冬"。以此推之唐尧之世的冬至日，在现在星宿之左边差不多五十度。汉代初期，仍用秦代历法，冬至日在牵牛六度。汉武帝改革建立《太初历》，冬至日在牵牛初度。后汉的四分历，冬至日在斗宿二十二度。晋代的姜岌用月食检验日之所在，知道冬至日在斗宿十七度。现在参照中星，考查日月交食和朔望变化，冬至之日，在斗宿十一度。通而计之，不满百年，就差了二度。旧法都令冬至日有固定位置，天文数据既然差错，则日月五星的宿度，就逐渐显露错误。乖谬既然显著就相应改变。这样做止能符合一时，而不能通行长久。改来改去不停，便是由于这条。现在知道冬至所在位置岁岁微差，回过头检验汉代历注，都很慎密，将来永久施用，不必烦劳屡次修改。还有设置法则，其一，以子时为时辰之首，（从方向来说）子位在正北，封爻应在初九为升气的开始，虚为北方七宿之中宿。元气的发端，应当在这个"次"。前代学者虞喜，对其意义给予了详细论述。我的历法上元度日，发端于虚宿。其二，用日辰之号子，甲子日为前导，历法设起算年（上元），应当在此年。但是黄帝以来，世代所用，总共有十一种历法，"上元"之年，没有相当于这个名称的。我的历法上元那年在甲子。其三，以上元之年，历法中的众多条款，都应以此为计算的起点。可是《景初历》的交会迟疾，历元的开始参差不齐。又如何承天的历法，日月五星，各自有各自的历元，交食迟疾，也都设置不同起点，剪裁使得朔气相合而已，条件次序纷繁错误，未达到古代的意境。现在设法使日月五星交会迟疾，都是以上元岁首为起点，众多支流有共同的源泉，大多没有错误。

如果对定形进行测量，就得到真实效果。悬挂的星象显著明亮，用圭表等仪器测验可推算，变动的气虽不明显而微弱，可用径寸的竹管候测不会有差错。现在我所建立的，容易使人取信。但是综合研究始终，大多存在不精密，革新变旧，有简有繁。用简的条款，道理上不必自我恐惧；用较繁的意思，不过不是谬误。为什么？就是记闰不整齐，数据各有分数，把分数做为主体，并非不细密，我这样做是特别珍惜毫厘之类的小数，以完成求解出美妙之则，不去掉累积，以成就永久固定的著述，不是经思考而不知道，也不是明白了还不改。如果所献上的历法万一可以采用，我愿意由皇帝向各部门宣传，给予详细考究。

上报到皇帝，孝武帝令朝廷的官员们懂得历法的提出质难，而没人能把他难倒。可是正赶上孝武帝逝世未能施行。派祖冲之出去担任娄县令，又调回任谒者仆射。当年宋孝武帝平定关中时缴获后秦姚兴时制作的指南车，有外部形状而没有机巧，每当行走，使人在车内旋转指向。到宋升明时，齐太祖肖道成辅佐朝政，使祖冲之按古法修造指南车。祖冲之改用铜制机械，圆转不穷，而指示方向保持不变，是三国时马钧以来所没有的。当时有一位北方人索驭麟，也说能制造指南车，肖道成就让他与祖冲之各造一辆，让他们在京城的乐游苑相对同时进行校对试验，结果索驭麟的颇有偏差，于是折毁烧掉了。齐永明（公元 483—493 年）中，竟陵王肖子良爱好古物，祖冲之制造了一件欹器献给他。

文惠太子肖长懋在东宫，看到了祖冲之的历法，启奏给齐武帝施行，文惠太子不久死去，事情又被搁置。祖冲之转任长水校尉，领本职。他写作《安边论》奏章，建议开屯田，发展农殖。齐建武（公元 494—498 年）中，明帝肖鸾派祖冲之巡行四方，兴造大业，可以有利于百姓，恰好连年有战争，事情终于没有实行。

　　祖冲之懂得乐律学，博塞游戏当时独绝，没有能和他匹敌的。他认为诸葛亮有木牛流马，于是制造一件器械，不依靠风、水，施用机关能自己运行，不靠人力。又造千里船，在长江的新亭江段试验，一日能走一百多里。在乐游苑造水碓磨，齐世祖即武帝亲自到场观看。又特别精通数学。永元二年（公元500年），祖冲之去世，终年七十二岁。

梁

书

《梁书》概论

　　《梁书》是我国古代一部重要的纪传体断代史书，共五十六卷，包括本纪六卷，列传五十卷。主要记述南朝时期萧梁王朝自公元502年建立到557年灭亡计五十六年的历史。

一

　　《梁书》是由姚思廉与其父姚察合写而成。姚察（533～606），字伯审，祖籍吴兴武康（今浙江德清县西）。陈朝灭亡后迁往关中，定居万年（今陕西西安）。一生历仕梁、陈、隋三朝。梁朝灭亡时，姚察才二十二岁；陈朝建立后他任秘书监、领大著作、吏部尚书等职。开始修撰《梁书》，书未成，陈亡。

公元 589 年，隋文帝统一中国，结束了长达三百余年的大分裂局面，使我国封建社会政治、经济、文化得到了一定的发展。593 年，隋文帝禁止民间私修国史，自西汉以来私人自发修史的工作便变成了由朝廷组织的事业，开我国设史馆专修国史之先风。唐朝开国之君也极为重视史学，并希望藉此以达长治久安、永保皇业的目的。李世民认为"览前王之得失，为在身之龟鉴"，加上中国自古有盛世修史的传统，故设史馆修史，李世民（唐太宗）曾亲领修撰《晋书》，魏征、房玄龄、褚遂良、令狐德棻等大臣皆兼领史职，所选史官多为一时名家，被列为正史的二十五史有三分之一是在这一时期修成的，《梁书》即是其中之一。

隋朝建立之后，姚察已定居关中，任隋朝秘书丞。开皇九年（589），姚察奉命撰修梁、陈二史，书未成便于大业二年（606）去世。临死前嘱咐儿子思廉一定要完成他的未竟之业。

姚思廉（557～637），字简之。自幼受家学熏陶，嗜书如命，一生历仕陈、隋、唐三代，在陈时任会稽王扬州刺史陈庄的主薄，入隋，任汉王杨谅王府参军，迁代王杨侑侍读。唐贞观初年历任著作郎、弘文馆学士、散骑常侍等职，一生敢于直言极谏，虽高官厚禄，然淡薄名利。贞观三年（629），唐太宗诏令著作郎姚思廉与秘书监魏征同著《梁书》。因事先已有丰富的积累和深厚的功底，经过近九年的努力，终于在贞观十年撰成《梁书》，由魏征转奏皇帝，并藏于秘阁。姚思廉撰写《梁书》主要是根据姚察的书稿，另外可供参考的还有谢昊、许亨等九家梁书。

二

《梁书》与同时代的《宋书》、《南齐书》相比，其最大的特点是内容扼要，文字精炼朴实，没有六朝骈文华而不实的词藻，仿效司马迁、班固用简练的散文叙事。

在编目层次上，将开国元勋，尤其是那些出身寒门但贡献极大的文臣武将排在宗室诸王和世家名流之前；为不曾入仕但在文学、医学上独有建树的阮孝绪、陶弘景等人立传，尤其是为出身低微的范缜、刘勰等人立传，表现出作者思想开明和纪实的一面。

在编纂方法上，叙事自成一体，一般传记多分为三部分，首先写人物身世、籍贯、品第、官职，其次写重要史实，然后写死后的情况。在人物分类上以人物地位、身份、职务归类，也有以操行、才华及学术政绩归类，如"孝行"、"处士"、"止足"篇均以操行归类；

良吏侧重政绩，《儒林》、《文学》等篇则重学术文化的成就。

《梁书》尽管缺少"表"和"志"，亦有曲笔、虚词之嫌。但仍不失为一部重要的史书，在南朝各史中它是编得最好的一部，在其他梁史著作散失的情况下，更使之成为我们研究这一段历史最原始、最重要的依据，加之对海南各国历史的记载，有关战役的经过等为研究中国哲学史、民族史、战争史保存了大量的资料，一些奏章中也反映了农民起义的情形，在文学、艺术、宗教、风习、医学等方面也保存了有益的资料。

在编纂体例上，《梁书》只有本纪和列传两大部分，主要记述帝王纪年与大事以及历史人物、少数民族等，缺少综系年代、世系和人物的《表》，以及记载当朝典章制度的"志"，好在《隋书》"志"实际上包括了梁、陈、北齐、北周、隋五个朝代，共分为礼仪、音乐、律历、天文、五行、食货、刑法、百官、地理、经籍等十个篇目，在这个意义上讲，《梁书》并非无"志"，只是归在《隋书》之中，有关内容要到《隋书》中去查，这是读《梁书》要特别注意的地方。

政 略

太子赈贫

普通①中，大军北讨，京师谷贵，太子②因命菲衣减膳，改常馔为小食。每霖雨积雪，遣腹心左右，周行闾巷③，视贫困家，有流离道路，密加振④赐。又出主衣⑤绵帛，多作襦袴⑥，冬月以施贫冻。若死亡无可以敛者，为备棺椫⑦。每闻远近百姓赋役勤苦，辄敛容色。常以户口未实，重于劳扰。

（《梁书·昭明太子传》）

【注释】

①普通：南朝梁武帝萧衍年号，公元 520—527 年。②太子：昭明太子萧统，梁武帝长子。③闾巷：普通百姓住的地方。④振：同"赈"。⑤主衣：主衣库，储藏皇帝服饰用品的专用仓库。⑥襦袴：上下衣服。袴，通"裤"。⑦椫（huì）：小棺材。

【译文】

普通年间，朝廷出兵北伐，京城谷价昂贵，昭明太子就命令手下的人为他准备差的衣服，降低膳食标准，把每天的正餐改为小吃。每当下雨飘雪，就派身边的人出去穿街走巷，看望贫困人家，如果有流离失所的，就亲切地加以周济。又拿出主衣库的丝绵绢帛，作了许多衣裤，冬天施舍给贫困挨冻者。如遇到有死亡而没有收埋的，就为之备给棺材。他每每听说远近百姓赋税徭役繁重而勤苦，就会在脸色上表现出来。他常认为户口统计不实，所以百姓负担沉重。

萧秀恤民

郢州当塗为剧地①，百姓贫，至以妇人供役，其弊如此。秀至镇②，务安之。主者③或求召吏，秀曰："不识救弊之术；此州凋残，不可扰也。"于是务存约己，省去游费④，百姓安堵⑤，境内晏然。先是夏口常为兵冲⑥，露骸积骨于黄鹤楼下，秀祭而埋之。一夜，梦数百人拜谢而去。每冬月，常作襦袴以赐冻者。……

秀有容观，每朝，百僚属目。性仁恕，喜愠不形于色。左右尝以石掷杀所养鹄⑦，斋帅⑧请治其罪。秀曰："吾岂以鸟伤人。"在京师，且临公事，厨人进食，误而覆之，去而登车，竟朝不饭，亦不之诮⑨也。……

（《梁书·安成康王萧秀传》）

【注释】

①当塗为剧地：塗，通"途"。当途，位于四方要冲。剧地，形势险要之地。②秀至镇：秀，即梁安成康王萧秀，梁武帝弟，天监十三年（公元 514 年）始任郢州刺史。镇，即郢州，为当时军事重镇。③主者：刺史属下官员。④游费：指巡游等的耗费。⑤安堵：安居。⑥兵冲：兵家必争、易发战事之地。⑦鹄（hú）：天鹅。⑧斋帅：警卫头目。⑨诮（qiào）：责备。

【译文】

郢州地处四方要冲，形势险要，百姓贫困，以至于让妇女承担力役，其凋弊程度可想而知。萧秀到了郢州任上，努力安定民生。有些官员要求增添吏员，他就说："你们不懂救弊之术，这里一片凋残，不能再干增加百姓负担的事了。于是上下严格约束，也尽量节省开支，这样，百姓安居，一州之内也很安定。原先夏口常有战事，一些阵亡者的残骸堆积于黄鹤楼下，萧秀予以祭祀、掩埋。一天晚上，他梦见数百人对他拜谢而后离去。每到寒冬，他就制作衣服，赐给那些无衣受冻的人。……

萧秀外表出众，每当朝会，百官都喜欢朝他看。他为人讲仁恕，喜怒不形于色。他手下有个人曾用石头打死了他所养的天鹅，他的警卫头目斋帅要求惩罚那人，但萧秀却说："我怎么能因为死一只鸟而伤人呢？"在京城时，早晨起来要赶去上朝，厨师送来早餐，不小心打翻在地，他就登车而去，这顿早饭没吃，饿到中午。就这样，他也没有责备那个厨师。

御　人

梁武帝"射钩斩袪"

义师①起，四方多响应，高祖使仙琕故人姚仲宾说之②，仙琕于军斩仲宾以徇③。义师至新林④，仙琕犹持兵于江西⑤，日钞运漕⑥。建康⑦城陷，仙琕号哭经宿，乃解兵归罪。高祖劳之曰："射钩斩袪⑧，昔人弗忌。卿⑨勿以戮使断运，苟自嫌绝也。"仙琕谢曰："小人如失主犬，后主饲之，便复为用。"高祖笑而美之。俄而仙琕母卒，高祖知其贫，赙给⑩甚厚。仙琕号泣，谓弟仲艾曰："蒙大造之恩⑪，未获上报。今复荷殊泽，当与尔以心力自效耳。"

（《梁书·马仙琕传》）

【注释】

①义师：指萧衍乘齐内乱起兵。②"高祖"句：高祖，此指梁武帝萧衍。仙琕，马仙琕，原为南齐将领。故人，老相识。

说（shuì），劝说，此指诱降。③徇：示众。④新林：地名，在今江苏江宁县。⑤江西：此指今安徽境内长江以北地带。⑥日钞运漕：不断袭扰水上补给。⑦建康：今江苏南京，齐、梁均都于此。⑧射钩斩浊：常用典故。春秋时管仲曾射中齐公子小白带钩（古人束腰革带上的金属钩），小白继位（即齐桓公）后仍予重用。晋文公重耳也曾在危难中被寺人（阉人）披斩及袖口，即位后也不予追究。⑨卿：古时对人的尊称。⑩赙（fù）给：助人料理丧事的钱物。

【译文】

　　高祖起兵后，四方广泛响应，高祖让马仙琕的老相识姚仲宾去劝降，仙琕不但不听，还将仲宾斩首示众。高祖的军队到了新林，仙琕所率军队仍在江西，频繁袭扰江上交通补给。建康城易主，仙琕痛哭了一宿，终于投降。高祖安慰他说："射钩斩琕，古人尚不以为嫌。你不必为杀使者断运漕这些事而有顾虑。"仙琕表示："小人如同失主之犬，现在有了新主人，就为新主所用。"高祖笑着给予肯定。不久仙琕母亲去世，高祖知道他贫困，于是给予优厚的丧葬补助。仙琕因此大哭，对弟弟仲艾说："多蒙主上再生之恩，还没未能报答，如今又受厚恩，我要和你尽心尽力效劳啊。"

法 制

桥玄惩恶

桥玄字公祖，梁国睢阳①人也。七世祖仁，从同郡戴德学，著《礼记章句》四十九篇，号曰"桥君学"。成帝时为大鸿胪②。祖父基，广陵太守。父肃，东莱太守。

玄少为县功曹。时豫州刺史周景行部到梁国，玄谒景，因伏地言陈相羊昌罪恶，乞为部陈从事③，穷案其奸。景壮玄意，署而遣之。玄到，悉收昌宾客，具考赃罪。昌素为大将军梁冀所厚，冀为驰檄救之。景承旨召玄，玄还檄不发，案之益急。昌坐槛车征，玄由是著名。

举孝廉，补洛阳左尉。时梁不疑④为河南尹，玄以公事当诣府受对，耻为所辱，弃官还乡里。后四迁为齐相，坐事为城旦⑤。刑竟，征，再迁上谷太守，又为汉阳太守。时上邽令皇甫祯有赃罪，玄收考髡笞，死于冀市，一境皆震。郡人上珪姜岐，守道隐居，名闻西州⑥。玄召以为吏，称疾不就。玄怒，勑督邮尹益逼致之，曰："岐若不至，趣⑦嫁其母。"益固争不能得，遽晓譬岐。岐坚卧不起。郡内士大夫亦竟往谏，玄乃止。时颇以为讥。后谢病免，复公车征为司徒长史，拜将作大匠。

……

灵帝初，征入为河南尹，转少府、大鸿胪。建宁三年，迁司空，转司徒。素与南阳太守陈球有隙，及在公位，而荐球为廷尉。玄以国家方弱，自度力无所用，乃称疾上疏，引众灾以自劾。遂策罢。岁余，拜尚书令。时太中大夫盖升与帝有旧恩，前为南阳太守，臧数亿以上。玄奏免升禁锢，没入财贿。帝不从，而迁升侍中。玄托病免，拜光禄大夫。光和元年。迁太尉。数月，复以疾罢，拜太中大夫，就医里舍。

玄少子十岁，独游门次，卒有三人持杖劫执之，入舍登楼，就玄求货，玄不与。有顷，司隶校尉阳球率河南尹、洛阳令围守玄家。球等恐并杀其子，未欲迫之。玄瞋目呼曰："奸人无状，玄岂以一子之命而纵国贼乎！"促令兵进。于是攻之，玄子亦死。玄乃诣阙谢罪，乞下天下："凡有劫质，皆并杀之，不得赎以财宝，开张奸路。"诏书下其章。初自安帝以后，法禁稍弛，京师劫质，不避豪贵，自是遂绝。

玄以光和六年卒，时年七十五。玄性刚急无大体。然谦俭下士，子弟亲宗无在大官者。及卒，家无居业，丧无所殡，当时称之。

【注释】

①梁国睢阳：梁国，汉封国，故治在今河南商丘县南。睢阳，梁国都城。故城在今河南商丘县南。②大鸿胪：朝廷掌管礼仪的官名。③部陈从事：部，总领。从事，属官的统称。④梁不疑：梁冀的弟弟。⑤城旦：刑罚名。一种筑城四年的劳役。⑥西州：汉时泛指凉州为西州，相当于今甘肃中部和西北部一带。⑦趣（cù）：通"促"。赶快，急促。

【译文】

桥玄字公祖，梁国睢阳人。七世祖桥仁，跟同郡人戴德学习，著《礼记章句》四十九篇，号称"桥君学"。成帝时做了大鸿胪。祖父桥基，做过广陵太守。父亲桥肃，做过东莱的太守。

桥玄年轻时做过县功曹。当时豫州刺史周景巡行所属部域，考核政绩，到了梁国，桥玄谒见周景，伏地陈述陈相羊昌的罪恶，请求做总领陈国从事的官，彻底查究羊昌的罪行。周景钦佩他的意志，就任命他担任此职并派遣他去。桥玄到达陈国后，

二十四史精编

全部抓捕羊昌的宾客，具体拷问贪污罪行。羊昌向来为大将军梁冀所推重，梁冀急发檄文，派人赶赴陈国救羊昌。周景秉承梁冀意旨召桥玄，桥玄退还檄文不动，拷问更急。羊昌坐槛车应召，桥玄从此出了名。

桥玄被举为孝廉，补洛阳左尉。这时梁不疑任河南尹，桥玄因公事当到府里受对，不想受梁氏的耻辱，弃官还乡里。后来四次升迁做了齐相，因事犯罪被罚为城旦。刑期满后，被征召，升为上谷太守。又做了汉阳太守。这时上邽县令皇甫祯有贪污罪，桥玄把他抓起来剃去头发用竹板痛打，皇甫祯死于冀县市肆，一境都被震动。同郡上邽人姜岐，守道隐居，名声传遍西州。桥玄召他为吏，他称病不往。桥玄怒，勒令督邮尹益强迫他，说："姜岐如果不来，赶紧下嫁他的母亲。"尹益坚持求情，桥玄不允。尹益就急忙告诉姜岐，姜岐坚卧不起床。郡内士大夫也争着劝谏，桥玄才停止了这件事。当时人颇有些讥讽他。桥玄后来谢病免职，又被公车召为司徒长史，拜之为将作大匠。

……

灵帝初年，桥玄被征召为河南尹，转任少府、大鸿胪。建宁三年（公元170年），升为司空，转任司徒。桥玄素来与南阳太守陈球有矛盾，自己在三公之位后，便推荐陈球做廷尉。桥玄认为国家正弱，自己度量力无所用，就称病上疏，引国家出现的众多灾异自己弹劾自己，于是被策免。一年以后，被拜为尚书令。当时太中大夫盖升与皇帝有旧恩，以前做南阳太守，

234

贪污数亿以上。桥玄奏请免去盖升之职并将他关押起来，没收其财贿。皇帝不同意，反而提拔盖升为侍中。桥玄称病免职，拜为光禄大夫。光和元年（公元178年），升任太尉。几个月后，又以病罢免，拜为太中大夫，回到家中，就医服药。

桥玄的小儿子年10岁，一个人在门边玩耍，忽然有三个人拿着木棍劫持他，跑入桥玄房舍，登楼，向桥玄索取财物，桥玄不给。一会儿，司隶校尉阳球率领河南尹、洛阳令赶来，围守桥玄家。阳球等人担心桥玄的儿子遭到杀害，不想逼迫劫持者。桥玄瞪着眼睛喊叫道："奸人没有王法，桥玄难道因一个儿子的性命而放掉国贼吗？"催促下令兵士前进。兵士们于是进攻，桥玄的儿子也死了。桥玄于是到朝廷谢罪，请求下令天下："凡有劫持人质，都一并杀掉，不得用财宝赎回人质，开启奸贼犯罪之路。"诏书写下这项奏章。自安帝以来，法禁渐渐松弛，京城劫持人质，不避权贵之家，从此就再没有了。

桥玄在光和六年（公元183年）死去，时年75岁。桥玄性格刚急不顾大体，然而谦恭俭约，礼贤下士，他的子弟宗亲没有做大官的。桥玄死后，家中没有什么产业，也没有什么东西殡殓，为时人所称誉。

乐蔼博识断案

蔼①性公强，居宪台②甚称职。时长沙宣武王③将葬，而车府忽于库失油络④，欲推主者⑤。蔼曰："昔晋

235

武库火，张华⑥以为积油万石必然⑦，今库若有灰，非吏罪也。"即而检之，果有积灰，时称其博物弘恕⑧焉。

（《梁书·乐蔼传》）

【注释】

①蔼：乐蔼，南阳淯阳（在今河南南阳市）人，南朝梁时官至广州刺史。②宪台：指御史府。乐蔼曾任御史中丞，司监察职。③长沙宣武王：梁武帝长兄萧懿。④油络：古时车上悬垂的丝织绳网。⑤主者：指车库的主管者。⑥张华：西晋大臣，文学家。他在《博物志》中说："积油满万石，则自然生火。武帝泰始中，武库火，积油所致也。"他认为晋武帝泰始年间的武库火灾是由储油自燃而引起的。⑦然：通"燃"。⑧博物弘恕：具有广博的知识，又持宽宏的态度分析问题。

【译文】

乐蔼为人公正，精明能干，在御史台任职干得很出色。当时长沙宣武王将要安葬，而车府忽然在库内不见了油络，于是就将追究主管者的责任。"乐蔼说："从前西晋武库失火，张华认为是储油万石必燃的原因所致。现在只有察看车库内是否有油络燃后的灰烬，若有，就可以肯定不是主管者的责任。接着就进行检查，库内果有积灰，于是人们都称赞乐蔼的知识广博，分析案件时态度宽宏。

军 事

冯道根口不论勋

道根①性谨厚，木讷少言，为将能检御部曲②，所过村陌，将士不敢虏掠。每所征伐，终不言功，诸将欢哗争竞，道根默然而已。其部曲或怨非之，道根喻曰："明主自鉴功之多少，吾将何事。"高祖尝指道根示尚书令沈约③曰："此人口不论勋。"约曰："此陛下之大树将军④也。"处州郡⑤，和理清静，为部下所怀。在朝廷，虽贵显而性俭约，所居宅不营墙屋，无器物侍卫，入室则萧然如素士之贫贱者。当时服其清退，高祖亦雅重之。微时⑥不学，既贵，粗读书，自谓少文，常慕周勃⑦之器重。

（《梁书·冯道根传》）

【注释】

①道根：冯道根，南朝梁将领。②部曲：军队（多指地方

豪强或将领的私兵）。③"高祖"句：高祖，此指南朝梁武帝萧衍。尚书令，官名，系朝中要职。沈约，南北朝时期著名文学家、史学家。④大树将军：东汉初光武帝刘秀部下大将冯异不喜论功，常独处树下，军中号为"大树将军"。⑤州郡：古时两级地方行政建置。⑥微时：指原来处于较低社会地位时。⑦周勃：西汉初年大将，"为人木强敦厚"。所谓"器重"，也就是指此。

【译文】

冯道根为人谨厚，质朴寡言，领兵带将，对部下约束严格，所过村庄，将士不敢为非做歹。每次战后，从不摆功，其他将领喧哗计较，他却默然无语。他的部下中有抱怨的，他就劝说他们："自有明主善于衡量各自功劳大小，我们何必操心。"高祖曾指道根对尚书令沈约说："这个人不论勋。"沈约说："这是陛下的大树将军啊。"在各处州郡任职，也有条有理，甚得人心。居于朝廷，虽然官位显要，但秉俭约之性，住的房子不加装饰，既无高档器物，也无侍卫人员，进入室内，有如同进入寒素贫贱之家的感觉。时人都对他的清正自约很佩服、高祖也予推重。原先低位微下时未能学习，有了地位后，读了些书，不过自己认为于文不足，经常钦慕周勃的器重。

司州陷落

三年，魏①围司州②，时城中众不满五千人，食裁③支半岁，魏军攻之，昼夜不息，道恭④随方抗御，皆应手摧却。魏乃作大车载土，四面俱前，欲以填堑⑤，道恭辄于堑内列艨冲斗舰以待之，魏人不得进。又潜作伏道以决堑水，道恭载土狙⑥塞之。相持百余日，前后斩获不可胜计。魏大造梯冲⑦，攻围日急，道恭于城内作土山，厚二十余丈；多作大槊⑧，长二丈五尺，施长刃，使壮士刺魏人登城者。魏人甚惮之，将退。会道恭疾笃⑨，乃呼兄子僧勰，从弟⑩灵恩及诸将帅谓曰："吾受国厚恩，不能破灭寇贼，今所苦转笃，势不支久，汝等当以死固节，无令吾没⑪有遗恨。"……其年五月卒。魏知道恭死，攻之转急。……至八月，城内粮尽，乃陷。

（《梁书·蔡道恭传》）

【注释】

①魏：当时据中原与梁朝对峙的北魏政权。②司州：治所在平阳（今河南信阳）。③裁：通"才"。④道恭：蔡道恭，当时任司州刺史。⑤堑：壕沟，护城河。⑥土狙：装满土的草袋。

狔（tún），小猪。⑦梯冲：云梯，冲车，都是古时攻城战具。⑧
槊：古代兵器，即长矛。⑨疾笃：病势危重。⑩从（zòng）弟：
堂弟。⑪没：通"殁"，死。

【译文】

　　天监三年，北魏围攻司州，当时城中不到 5000 人，粮食只
能支持半年，魏军攻得急切，昼夜不停，蔡道恭灵活机动地抗
御，一次次地打退了敌人的进攻。魏军又作大车运土，四面齐
进，企图把护城河填没。蔡道恭则于护城河内列战舰以待，使
魏军无法前进。魏军又挖暗道，想让护城河决口，蔡道恭又运
载土狔加以堵塞。与魏军相持了百余日，前后杀敌俘敌不可计
数。魏又大造攻城的云梯、冲车，攻打更急。蔡道恭于城内堆
起土山，厚达 20 余丈；又作了许多长矛，长 2 丈 5 尺，置长
刃，让壮士刺魏军登城士兵。魏人很害怕，有了撤军的打算。
恰在此时，蔡道恭病重，他把侄儿僧勰、堂弟灵恩及诸将帅叫
来，对他们说："我受国家厚恩，不能破敌灭贼，现在我的病
转重，难以久支，你们应当以死战来固守你们的志节，不要让
我死后有遗恨。"……这年五月，蔡道恭病逝。魏人知道后，
又加强了攻势。……到了八月，城内粮尽，司州陷落。

理　财

鱼弘四尽

（鱼弘）常语①人曰："我为郡②，所谓四尽：水中鱼鳖尽，山中獐鹿尽富贵几何时！"于是姿③意酣赏，侍妾百余人，不胜④金翠，服玩车马，皆穷⑤一时之绝。

（《梁书·夏侯亶传附鱼弘》）

【注释】

①语：对…说。②为郡：指担任太守治理一郡。③姿：通"恣"。④不胜：负担不了。⑤穷：尽。

【译文】

鱼弘常常对人说："我当太守治郡，要做到四尽，即：水中鱼鳖要抓尽，山中獐鹿要捕尽，男子汉活在世上，就好比轻细的灰尘停留在柔软的草叶上，又好比白驹过隙。人生欢乐富贵又能有几时！"于是他恣意饮酒观舞，侍妾有百余人，都有戴不过来的金翠饰品，他穿的玩的乘的骑的，都是当时最高档次的。

太守何远

　　顷之，（何远）迁武昌太守。远本倜傥[①]，尚轻侠，至是乃折节[②]为吏，杜绝交游，馈遗[③]秋毫无所受。武昌俗皆汲江[④]水，盛夏远患水温，每以钱买民井寒水，不取钱者，则揎[⑤]水还之。其他事率多如此。迹虽似伪，而能委曲用意焉。车服尤弊素，器物无铜漆。江左[⑥]多水族[⑦]，甚贱，远每食不过干鱼数片而已。

（《梁书·何远传》）

【注释】

　　①倜傥（tìtǎng）：卓越豪迈。②折节：改变以往生活方式和态度。多指严格要求自己。③馈遗（wèi）：赠送。④江：专指长江。⑤揎（liǎn）：担运。⑥江左：长江下游以东地区，即今江苏省一带。⑦水族：水生动物。

【译文】

　　没过多久，（何远）调任武昌太守。何远为人倜傥，崇尚侠义，而此时起，他大为改变，严格克制自己，不再交往，不收别人的丝毫馈赠。武昌地方居民都取用江水，盛夏季节，何远嫌江水温度高，常常用钱买老百姓井中较凉的水，如有不收

242

他钱的，他就要担水还给人家。其他事也大多如此。他这些做法虽然显得有点过分，但他的用意还是有了成效。他所乘的车所穿的衣服，不是旧的，就是很朴素，所用器物也无铜器漆器。江左地方多水生动物，所以价格低廉，而何远每顿饭不过吃干鱼数片而已。

德 操

吕僧珍性甚恭慎

僧珍①有大勋,任总心膂②,恩遇隆密,莫与为比。性甚恭慎,当直禁中③,盛暑不敢解衣。每侍御座④,屏气鞠躬,果食未尝举箸。尝因醉后,取一柑食之。高祖⑤笑谓曰:"便是大有所进。"禄俸⑥之外,又月给钱十万,其余赐赍⑦不绝于时。

(《梁书·吕僧珍传》)

【注释】

①僧珍:吕僧珍,南朝齐梁时人,尤受梁武帝萧衍的信重。②心膂:亲信,骨干之人。膂,脊骨。③直禁中:直,通"值"。禁中,皇宫中。④御座:指皇帝的宝座,实即指皇帝。⑤高祖:此指梁武帝。⑥禄俸:官吏的薪水。⑦赍(jī):以物赠人。

【译文】

吕僧珍立有大功,被视为最亲信者,恩重遇厚,无人能与

244

之相比。他为人恭敬谨慎，在皇宫中值班，酷暑之日都把衣服穿得十分整齐。每当侍陪皇上，不敢大口呼吸，动辄点头哈腰，座席上放的吃食，从不举筷取用。有一次他喝多了酒，取了一只柑子吃了。高祖笑着对他说："这真是大有长进嗞。"除了禄俸之外，每月还给他十万钱，其他赏赐的、赠送的，总也不断。

萧伟豪奢乐施

　　伟①少好学，笃诚通恕，趋贤重士，常如不及。由是四方游士，当世知名者，莫不毕至。齐世②，青溪宫改为芳林苑，天监③初，赐伟为第，伟又加穿凿，增植嘉树珍果，穷极雕丽，每与宾客游其中，命从事中郎萧子范④为之记。梁世藩邸⑤之盛，无以过焉。而性多恩惠，尤愍⑥穷乏。常遣腹心左右，历访闾里⑦人士，其有贫困吉凶不举者，即遣赡卹之。太原王曼颖⑧卒，家贫无以殡敛，友人江革⑨往哭之，其妻儿对革号诉，革曰："建安王⑩当知，必为营理。"言未讫⑪而伟使至，给其丧事，得周济焉。每祁寒⑫积雪，则遣人载樵⑬米，随乏绝者即赋给之。

（《梁书·南平元襄王萧伟传》）

【注释】

　　①伟：萧伟，梁武帝弟。②齐世：齐代，在梁之前。③天

监：梁武帝第一个年号，公元 502—519 年。④萧子范：本为齐宗室，入梁在南平王萧伟手下任职。⑤藩邸：诸王府第。⑥愍（mǐn）：哀怜。⑦闾里：乡里，泛指民间。⑧太原王曼颖：一个叫王曼颖的太原人。太原，郡名。⑨江革：梁朝名士、名臣。⑩建安王：即萧伟，他初封建安王，后改封南平王。⑪讫：完。⑫祁寒：严寒。⑬樵：紫薪。

【译文】

萧伟自小喜爱学习，为人和蔼可亲，向往贤者，敬重士人，常常表现得十分谦逊。因此，四方游走之士，当世知名人物，纷纷而来。齐时，将青溪宫改为芳林苑，到梁天监初年，又将芳林苑赐给萧伟作为府第，萧伟加以整修，新种了不少好树，比以前大为增色，便时常与宾客一道在苑中游玩，每每都要命从事中郎萧子范把尽欢的过程、情景记下来。梁朝诸王府第的盛况，没有超过他的了。萧伟的性格喜施恩惠，尤其是怜闵一些穷困的人士。常派手下亲信，走访乡里士人，见有贫穷而婚丧一类事无力举办者，就给予帮助。太原人王曼颖死，家里无钱安葬，友人江革到他家中吊唁，他的妻儿向江革哭诉困境。江革说："建安王会知道的，他一定会帮助。"话还没说完，萧伟派的使者就到了王家门口，给予资助，料理丧事。每到严寒积雪之时，还派人用车拉着柴米，见有生活困难者就发给一些。

传事故事

梁武帝伺变

梁高祖武皇帝萧衍，字叔达，小字练儿，是西汉名相萧何的后裔。他能文善武，精通谋略，与沈约、谢朓、王融、萧琛、范云、任昉、陆倕等并称，被当时人称为"竟陵八友"。齐明帝时，以功累迁至辅国将军、雍州刺史，镇守襄阳。

齐建武五年（498），齐明帝死，太子萧宝卷即位，是为东昏侯。萧宝卷昏庸残忍，朝权把持在杨州刺史、始安王萧遥光、尚书令徐孝嗣、尚书右仆射江祐、右将军萧坦之、侍中江祀和卫尉刘暄手里。这六位权贵轮流主持政事，而他们彼此之间，勾心斗角，齐帝萧宝卷也不是个甘心任人摆布的角色，他时时在窥伺机会，以便夺回权力，另立亲信。萧衍善于见风使舵，看到齐室已处于山雨欲来风满楼的季世，便对舅父张弘策说道："政出多门，必然要大乱。《诗经》有云：'一国三公，吾谁适从？'何况而今朝廷六贵当权！他们之间一旦产生了嫌隙，就必然会相互仇杀。如今要选择避祸之地，只有我这襄阳最为合适。我在襄阳勤恳治事，多行仁义，可以稳稳地成为西伯那样的人物。只是几个弟弟还在京城，令人担心难免罹祸。此事须与兄长萧懿商量一下。"

当时，萧懿正在郢州执掌大权，萧衍特派张弘策向他陈述自己的建议道："从前，晋惠帝昏庸无能，宗室诸王相互争权，造成内乱九兴而外患三起。如今，六个显贵也在争权，他们个个手执王法，发号施令，都想独自专权。因而，他们之间难免睚眦成仇，相互火并。何况嗣主萧宝卷当太子时就声誉不佳，宠幸小人，秉性残忍。他一上台，定会我行我素，决不可能任人左右。时间一久，君臣离心，他必然要大开杀戒，诛戮权臣，从而造成政局更加混乱。现在掌权的六贵中，只有江、刘可为根干，但江祐怯懦而少决断，刘暄柔弱无能。他们成事不足，败事有余，折鼎覆𫗧，指日可待。萧坦之胸怀猜忌，出言举足总是伤害别人；徐孝嗣不是栋梁之才，终究要听凭别人的驱使。他们之间一旦出现了裂痕，朝野内外必定土崩瓦解。现在你我能够镇守外藩，正好可以作好将来的打算。所谓智者见机，不俟终日。趁着如今他们没对你我产生猜疑防范之机，应当赶快召回诸弟，以免今后难以拔足。你镇守的郢州，为荆湘的要害之地，我坐镇的雍州，人马有数万之多。我们可以虎踞郢、雍，以观天下之变。世道太平，可为本朝竭诚尽忠；社会骚乱，可为国家剪除凶顽。与时进退，正好为万全之策。若不及早打算，恐后悔无及。"萧懿是个恪守愚忠的人，弟弟萧衍这一番话使他觉得心惊肉跳，连脸色都吓变了。他不赞成萧衍的主张，不过也没有阻拦萧衍自己去干。

248

　　张弘策回告萧衍后，萧衍便自管自地行动起来。他先把弟弟萧伟、萧蟾接回襄阳，然后秘密地制造各种作战器械，命人砍伐了大量的竹子木材，全都沉入檀溪，以便到时制作舟船。永元二年（500），官至齐尚书令的萧懿被齐帝萧宝卷杀害，得到信息的萧衍在议事堂召集手下诸将，宣布道："从前周武王大会孟津，人人皆曰商纣可伐。而今萧宝卷昏庸残暴，穷凶极恶，朝中贤臣几乎被斩尽杀绝，民生涂炭，上天不容。我要与诸位同心协力，共兴义举，讨伐昏主。欲当公侯将相的，就看今朝的努力。各位如立功勋，到时我萧某决不食言！"于是，召集兵卒，得甲士一万余人、马千余匹、船三千艘。他又叫人取出沉在檀溪中的竹子木材，用以制造了许多战船。他依靠这些力量，开始了讨伐萧宝卷的征程。一年后，萧衍攻陷了建康，齐帝萧宝卷被废见杀。梁天监元年（502），萧衍废齐和帝萧宝融，即位称帝。

（《梁书·武帝纪》）

何敬容独勤政务

　　何敬容长期在尚书省任职，很熟悉过去的事情，而且聪明有远见卓识，勤于文书之类具体公务，从早晨一直工作到晚上也不休息。自晋、宋以来，宰相们都以文学和义理来消遣，不理政务，只有何敬容一人勤于庶务，因而遭世人嗤笑。当时，萧琛儿子萧巡很有些轻薄之才，作了卦名离合等诗来嘲笑何敬容，何敬容对此不屑一顾，仍然我行我素。

刘览不徇私情

梁高祖听说刘览很有孝性，几次去省视他。服丧期满后，被任命为尚书左丞。刘览生性聪敏，尚书令史多达七百人，刘览见一面就记住了他们的姓名。刘览做官清廉正直，不谋私利，姐夫御史中丞褚湮和堂兄吏部郎刘孝绰利用职务之便大肆贪污受贿，刘览上奏弹劾，两人都因此免了官。刘孝绰怨恨刘览，经常对人说："狗咬过路人，刘览咬自家人。"刘览出任始兴郡内史，治郡尤其清廉有节操。

明哲妇人

贞敬太夫人（王僧辩母谥号）姓魏，王神念在天监初年率部属据东关（今安徽巢县东南东关），后退保合肥巢湖以西，在那里娶了魏氏夫人为妻，生有王僧辩。魏氏夫人安详随和，善于待人接物，里里外外，莫不爱戴她。当初，王僧辩被关进监狱，夫人流着泪，光着脚，要进宫负荆请罪，梁世祖不接见她。当时贞惠太子很受世祖宠爱，军国大事大都让他参与。夫人入阁拜见贞惠太子，自责教子无方，泪流满面，甚为悲伤，大家都深表同情。后来，王僧辩被赦免出狱，夫人谆谆教训，辞色严厉，对王僧辩说："人臣侍君，必须忠烈，不但要保祐今世，而且要流芳子孙。"后来王僧辩光复旧都（指建康，今南京市），功盖天下，夫人也总是谦逊退让，不以富贵骄人，朝野上下交口称赞，说她是明哲妇人。

陆琛造茅屋读书

陆琛从小勤学，善于写文章。在宅院内造两间茅屋，杜绝往来，日夜读书，如此者有几年。书只读一遍，就能背诵出来。曾经向人借《汉书》，遗失《五行志》四卷，就默写出来，还给人家，一点也没有遗漏。小时候，外祖父张岱就觉得他非同一般，常常对女婿说："这孩子是你家的阳元啊。"十七岁那年，被推举为本州秀才。

沈瑀正人先正己

沈瑀因母丧离职，服丧期满后，被任命为振武将军、余姚县县令。余姚县大族虞氏有一千多家，到县衙门走后门，拉关系，人众聚集，喧嚣若市。先前县令县长们都不能杜绝此风，自沈瑀到任后，如果不是因公事而来，一律罚他们站立阶下，绳之以法。县南又有豪族几百家，子弟横行乡里，互相包庇，恣意聚敛财物，老百姓都很害怕他们。沈瑀传唤那些年老者为石头仓看守，年轻者为县府僮仆，大家都号泣道路。从此，豪族销声匿迹，不再有违法乱纪之事。沈瑀刚来余姚上任时，富吏们都穿着鲜艳美丽的服装，以显示自己身份地位的优越。沈瑀怒气冲冲地说："你们这些人不过是下贱的县吏，哪有资格学贵人样？"于是，叫他们都改穿草鞋粗衣，罚他们整天站立，脚稍有摇晃，就打板子。沈瑀寒贱时，曾经一人到余姚县贩卖瓦器，受到这里富人们的侮辱，所以，他趁机报复，因此，县里的士大夫和富人们对他心怀怨恨，可是，沈瑀做官清白自守，没有留下把柄，因而能够实现他的愿望。

范述曾两袖清风

齐明帝即位，任命范述曾为游击将军，出任为永嘉太守。范述曾为政清平，不尚威猛，人民以此为便。所辖横阳县（治所在今浙江平阳县）山谷险峻，是逃亡之徒聚集之地，先前太守进行追捕都未能平息。范述曾上任后，推行恩德，讲求信用，所有强盗土匪都自动出山，负荆请罪，范述曾把他们编成户籍，达二百多家。从此，横阳县商贾流通，人民安居乐业。范述曾在永嘉郡励行清白，不受贿赂，齐明帝知道后，深表赞赏，下诏嘉奖，征辟他为游击将军。离郡赴任之时，郡中人民送故旧钱二十多万两，范述曾丝毫不收。当初到郡上任时，范述曾未带家属，到现在离任回朝时，随从中仍没有挑行李的。无论老少，人民都出来送行，依依不舍，啼哭声几十里之外也能听到。

252

人物春秋

忠厚至孝　勤勉政事——萧衍

梁高祖武皇帝名萧衍，字叔达，小名练儿，南兰陵郡中都里人，是汉朝相国萧何的后代。出生时与众不同，膝盖骨有两块并列的骨头，头顶高隆，右手心有"武"字一样的纹理。长大后，博学多才，好谋划策略，能文能武，当时的名流贤达都很推崇赞扬他。

起初任巴陵王南中郎法曹行参军，迁任卫将军王俭的东阁祭酒。王俭一见到萧衍便很器重他，并感到惊异，对庐江何宪说："这萧家公子三十岁以内会当侍中，三十岁以后就没法形容其显贵。"竟陵王萧子良开设西邸，招徕文人学士，高祖与沈约、谢朓、王融、萧琛、范云、任昉、陆倕等都游学于此，时称八友。王融英俊爽朗，见识鉴识能力超人，特别敬重高祖，另眼相看。每每对自己亲近的人说："主管统治天下，必定就是这个人。"后又任随王镇西咨议参军，不久因父亲去世而离任。

隆昌初年，明帝辅佐朝政，起用高祖为宁朔将军，镇守寿春。服丧期满后，被任命为太子庶子、给事黄门侍郎，入直殿省，参与萧谌等评品和策封有功之人，封为建阳县男，食邑三百户。

建武二年（495），北魏派大将刘昶、王肃率兵侵袭司州，朝廷任命高祖为冠军将军、军主，隶属江州刺史王广担任后援。部队距离义阳城百余里地，不少人认为北魏军气势正盛，犹豫不决都不敢前进。高祖请求担任先锋，王广把手下精兵分调给高祖。那天夜里便向前进军。离魏军驻地只有几里地，径直登上贤首山。魏军搞不清来兵实力，不敢逼近。黎明时，城内官兵看见援军已到，便出兵攻击北魏军营垒，高祖率领部下从外部向内进攻。北魏军内外受到攻击，便突破重围败逃。撤军后，任命高祖为右军晋安王的司马、陵郡太守。回宫后任太子中庶子，领羽林监。不久，出京镇守石头城。

四年（497），北魏孝文帝亲自率大军进攻雍州，齐明帝命令高祖增援。十月，到襄阳，下诏又派遣左民尚书崔慧景总领各路军队，高祖及雍州刺史曹虎等都受他调度管辖。第二年（498）三月，崔慧景和高祖进军至邓城，魏文帝率十万余骑兵突然追至邓城。崔慧景惊恐，打算引兵退却，高祖坚决地阻止他，他不听从并狼狈脱逃。魏国骑兵乘机发动进攻，于是齐军大败。高祖独自领军抗战，杀死北魏军数百人，魏国骑兵稍向后退，因而才得以结成阵势断后，到晚上才下船撤退。崔慧景所率军队几乎全军覆没，只有高祖保全军队胜利而归。不久高祖兼管雍州府事务。

　　七月，又授持节，都督雍、梁、南北秦四州及郢州的竟陵、司州的随郡等地的军事，辅国将军，任雍州刺史。当月，齐明帝驾崩，东昏侯即帝位，扬州刺史始安王遥光、尚书令徐孝嗣、尚书右仆射江祏、右将军萧坦之、侍中江祀、卫尉刘暄轮番执政，每日一道诏令。高祖听说后，便对其从舅张弘策说："政出多门，国家秩序便乱了。《诗经》说'一国有三个首脑，我跟从哪个好呢?'何况现在有六个首脑，这怎么能行呢! 一旦形成猜疑发生间隙，便相互诛杀，现在躲避祸乱只有您这个地方。时常以仁义行事，便可轻易成为西伯侯。但几个弟弟都在京城，恐怕遭受世乱之祸，必须和益州图谋这件事。"

　　当时高祖的大哥萧懿辞去益州的任职回来，仍然任郢州刺史，便让张弘策前往郢州，向萧懿陈说计策："过去晋惠王昏朽、诸王争权，于是内乱多次发生，外敌也三番五次侵犯。今日六位权贵争权，人人都掌握着国家大政。挟持皇帝发布诏令，都想一人垄断权柄。彼此怒目终成仇恨，肯定要相互残杀。而且新断位的皇帝在东宫时本来没有什么好声望，对左右凶狠无比，目如黄蜂，视害人如乐事。登上帝位后，怎会情愿虚坐皇帝的位子，把大政交给朝臣。积隙猜疑异心后，必定大加杀戮。始安王遥光想做历史上的又一个赵伦，形迹已显现出来，跛脚人想上天，相信没有这个道理。况且他性情猜疑心胸狭小，只不过是乘乱兴风作浪罢了。能够当大任的只有江祏、刘暄二人而已、江祏胆小没有决断，刘暄柔弱而没有才干，断送国家指日可待。萧坦之猜忌成性、一开口便伤人，徐孝嗣不是柱石之才，让人牵着鼻子转，如果嫌隙加大，猜疑祸起，内外就会土崩瓦解。今得以镇守外藩，有幸图谋生计，聪明的人见机行事，不坐等末日。趁现在朝廷没生猜疑防备之心，最好召集各位兄弟聚集一起。等到有了猜疑防备后，想跑也没有退路。郢州控带荆、湘，西应汉、沔；雍州兵马，一呼数万。雄视其间，等待天下变动。世界太平则效忠本朝，天下大乱剪灭暴君，可以随时进退，这是万全之策。如不早作打算，后悔也来不及了。"萧懿听了后脸色大变，心里不以为然。张弘策回来后，高祖便接弟弟萧伟和萧憺，这年到襄阳。于是暗中制造武器工具，砍伐竹木，沉入檀溪，秘密地建造船只。

永元二年（500）冬，萧懿被杀害。消息传到，高祖便秘密地召集长史王茂、中兵吕僧珍、别驾柳庆远、功曹史吉士瞻等策划谋反，决定后，在十一月乙巳召集僚佐于议事厅，说："过去周武王在孟津会盟，大家都说'商纣王可以讨伐。'现在昏主恶劣、十分暴虐，诛杀朝廷贤臣，并断绝他们的后代，生灵涂炭，上天命我等代天行罚。你们同心疾恶，共同发起义举，公侯将相就在今天，你们要各尽所能，我决不食言。"当天建立军旗。于是收集将士一万多人，马千余匹，船三千艘，捞出原来沉放在檀溪的竹木造船。

起初，东昏侯任刘山阳为巴西郡太守，配备精兵三千，使他路过荆州随萧颖胄以袭击襄阳，高祖知道这一计谋后，便遣参军王天虎、庞庆国前往江陵，在州府广泛散发书信。等刘山阳西上，高祖对诸将领说："荆州本来就怕襄阳人，何况唇亡齿寒、自然会急得象断弦一样，怎么会不暗地同谋呢？我如果统领荆、雍之兵，扫平东夏，即使韩、白再世，也无计可施，况且以无主见的昏君，驱使着用刀逼来应征的徒众呢？我能让刘山阳一到荆州，便让他交出脑袋，诸君等着看如何。"等刘山阳到巴陵，高祖又让王天虎带着书信交给萧颖胄兄弟。王天虎去后，高祖对张弘策说："举凡用兵的道理，攻心是上策，攻城是下策，心理战是上策、用兵作战是下策，现在这件事就是如此。最近派王天虎前往州府，使州府官员人人有书信。这段时间驿马传书特别紧急，只有两封信交给行事萧颖胄兄弟，书信上说：'王天虎口述具体情况'；等问王天虎又没说什么，行事不得而知不允许随便乱说。王天虎是行事萧疑胄的心腹，他人知道后一定认为行事与王天虎共同隐匿了此事，这样人人会产生怀疑。刘山阳从众人所说中感到疑惑，认为与萧颖胄不是一条心，则行事是进是退自己也不清楚，这样便中了我的圈套。这就是发两封空信便平定了一个州。"

刘山阳到江安，听说后果然生疑不进。萧颖胄很害怕，便斩杀了王天虎并将他的人头送给刘山阳，刘山阳这才信任萧颖胄，带几十人开进荆州城，萧颖胄埋伏兵士斩杀刘山阳，并将他的人头送给高祖。并将南康王对尊号的意见告诉高祖，还说："时月不利，当等来年二月；匆忙进兵，恐怕不当。"高祖回答说："现在屯兵十万，粮草军用自会用完，况且所凭藉的义心，乘一时骁勇锐利，一事接一事，还怕疑虑松懈；假若将部队停留十旬，必定后悔退缩。说变就变，便成就不了大事。如今太白星现于西方，依仗仁义而行动，天时人愿，有何不利？地位名分已定，怎么能中途停止呢？过去周武王讨伐商纣王，天时也不顺，难道还要等待年月吗？"竟陵太守曹景宗派遣杜思冲劝说高祖迎接南康王定都襄阳，等正尊号后，然后进军，高祖没有听从。王茂又私下写信给张弘策说："我奉事萧衍将军，当义无反顾；然现在把南康王送到别人手中，他们便可以挟天子以令诸侯，而将军前去受人驱使，这怎会是岁寒之计呢？"张弘策说起此事，高祖说："假如前途大事没有成功，便会兰花与艾草一起被焚；如果功业建成，威震四海，号令天下，谁敢不从！怎么会是白白受人摆布呢？等到了石城，我当面给王茂、曹景宗讲清楚。"在沔州南面设立新野郡，以招集新近归附的人。

三年（501）二月，南康王任相国，任命高祖为征东将军，给鼓乐吹乐一部。二月十三日，高祖自襄阳出发，留下弟弟萧伟守卫襄阳城，总领州府大事，弟弟萧蟸守卫垒城，府司马庄丘黑守樊城，功曹史吉士询兼任长史，白马戍主黄嗣祖兼任司马，缫县县令杜永兼任别驾，小府录事都郭俨负责漕运。并向京城发布檄文说：

"天道不会总是太平，天时不会总是平顺，凶险与安泰相交替，阴暗清明常变动，都是行危困然后通达，经历多灾多难启迪圣贤。所以昌邑王有悖天德，孝宣才得势，海西侯扰乱朝政，简文帝得以升宝座，都是治理混乱以开拓基业，光大盛世和天命，这样的道理已被以前的经历所验证，事例在过去的史书中也记载得很清楚。

"专横的君王扰乱天常，毁灭抛弃君德，奸恶荒淫，日滋月甚。在婴儿时就揉合着暴虐，在孩童时便埋下了凶险。猜忌凶毒，随时随地出现，暴残昏乱，遇事便发。自先皇帝死去，喜笑的神情已显露出来。皇帝的棺木还停放在殡宫，脸上便毫无哀伤之色，欢娱游晏比平常还要热闹频繁，穿着奇异的衣服，极尽华丽。至于选挑妃嫔，连姊妹也不放过，招收侍女，姑侄不分，宫嫔象小商贩，妇女们穿戎衣。以至身体裸露，内衣不振，以图欢笑。淫纵放肆，驱逐到郊邑。老弱到处流浪，士女遭到迫害。满路上可见到生小孩的妇女，大道上塞满了车载的尸体，母亲来不及抱，小孩来不及哭。劫掠剽掳，日夜不断。白天休息，夜晚游玩，从未停止。酒店里淫乱酗酒，装醉乱唱宠信放纵愚蠢的人，被妖孽所迷惑，梅虫儿、茹法珍收集重用小人，专制独断、残杀忠良，诛灭卿相。刘镇军以舅氏尊严，尽忠报国；江仆射以外戚的显贵，谒诚奉侍皇帝；萧领军作为亲戚，立志作国家的柱石，徐司空、沈仆射是官吏之首，众望所归。或有舅甥之情，或勋劳功绩卓巨；或忠诚地克服危难，或效力王室，都受先皇的遗托，共同协助新皇帝，送走先皇，侍奉当今皇帝，倾心尽力。对他们应该奖励当世，并让他们的后代高官得坐。而一旦被杀戮，孩童也不能幸免。人与神都怨恨，陌路之人也感到愤慨。萧令君忠于王朝，其忠诚人世鬼域都知道，过去寇贼不时出没，南郑危乱形势紧迫，挺刀而出，孤军作战。到后来大军反叛，赁控京城，谋划王室，指挥各路将领，收拾叛军，保住了我大齐江山。崔慧景勇猛迅速，出兵交战，令敌军闻风丧胆，失魂落魄，投效者络绎不断，很多人带着粮食如影跟随，愚蠢的、聪明的竟相投奔他。加之又在江甸誓师，奋不顾身，奖励义师，象闪电一样打击敌人，歼灭大敌，以巩固皇基。功劳超出桓、文，勋绩有过于伊、吕；并且勤劳谦虚反省自己，用实事来表明心迹，功成便隐退，不求荣誉和满足。没得到奖赏，祸灾却很快降临，扼杀精英、怎能不感到冤痛！而恶毒之人违命、蜂虿藏着毒性，便派刘山阳驱逐扇动逃犯，招收威逼亡命之徒，秘密策划，企图偷袭。萧右军、夏侯征虏以忠义为本，出奇谋，图大举，举手之间便杀了他，恶贯满盈，罪不容诛。至于违背礼教，伤害风化，残虐人民，象晋灵公那样弹射路人的，比起来还算好些，象商纣那样杀剖胎儿，砍断腿骨，比起他来还算不残酷，把世上的竹子都砍掉做成书简，也难以写完他的罪过，把天下山泽的兔子都杀光连成皮书也记不完他的罪过。自开天辟地以来，史书所记，昏庸的君主、残暴的皇后，没有比现在这位更昏更暴的了。

"人神无主、宗庙社稷处于危险境地，天下动荡，百姓不安，黎庶危惧，如同摧折其角，百姓私议，无立足之地。将军作为前朝的亲属，有责任关注国家的安危，上有先帝委托交付的重任，下应体察民众痛苦，怎可以睡在柴草上点火，坐视国家灭亡呢！永康王是高宗的后代，很受慈念宠爱，与日月一样光明，清纯专一神灵知晓，吉祥引龟、符瑞应验于璧出，威镇陕西，德行感化西夏，赞歌不断，万人推崇。右军萧颖胄、征

260

虏将军夏侯详都同心爱戴，住在故楚国宫殿所在地，日、月星重新放出光明，天下九州万象更新，升平之运，从此开始，太平盛世，正在此时。然而为帝之德尽、管昭显，但天下未定、首恶未除，实现太平盛世的路还不畅通。仰仗天意，率先开路。即日遣冠军、竟陵内史曹景宗等二十位将军，率五万军兵象骥緤一样快捷，瞻视勇猛，争先恐后，如龙骧并驾齐驱，从陆地出横江，直捣朱雀，长史、冠军将军、襄阳太守王茂等三十名将领，率七万船舰水军，乘流而下，消灭敌军精锐，攻克险阻，从侧面攻白城。南中郎咨议参军、军主萧伟等三十九名军主、大船快桨，乘风破浪，旗鼓八万、云集石头城。南中郎咨议参军、军主萧蟊等四十二名军主，熊罴之士，甲盾十万，顺流而下，攻克新亭。益州刺史刘季连、梁州刺史柳惔、司州刺史王僧景、魏兴太守裴师仁、上庸太守韦䕑、新城太守崔僧季，都庄严地奉英明的诏令，恭敬地行使上天的惩罚。蜀、汉的精兵，沿江而下，淮、汝的劲旅乘波速追。将军总领勇猛的军士、骁健勇猛的士兵百万，修缮燕国的弓、聚集赵地的马，撞击金鼓动地，敲响皮鼓震天，利剑的寒光比太阳还亮，红旗一展整个天空都变成了红色，战船连起来有千里之长，往来不绝，前呼后拥。萧右军深谋远虑，能文能武，英明远略，秉公济民。拥有荆南的人民，调遣四方的军队，宣传皇帝的诏令，护卫天子的车驾。旌旗所指之处，无所不克，龙腾虎跃，云集建业。罢免流放愚蠢与狡猾的人，与海昏抗礼，澄清神甸，平定京城。就好象泰山塌下来压倒蚂蚁的窝，高悬的河流溃口浇灭残火和余烬，怎么会有不消灭的呢！

"现在所要诛杀的，只不过是梅虫儿、茹法珍而已。诸君都是受人尊敬的贵族后裔，有学问之家，都在奸党前低头，受制于凶恶威吓。如果能随着世道的变化立功，变祸为福对河岳发誓，将永远系青戴紫。如果执迷不悟，抗拒王师，大部队一到，格杀无赦。好比火烧原墅，野草与芝兰都将毁灭，努力求得福禄，不要以后后悔。赏罚分明，象水一样清明。"

高祖到竟陵，命令长史王茂和太守曹景宗为前军，中兵参军张法安驻竟陵城。王茂等到汉口，轻兵渡过长江，逼近郢城。荆州刺史张冲布兵据守石桥浦，义军与官兵作战失利，军主王僧起在这一战役中阵亡。众将议论要合兵围攻郢城，分兵袭击西阳、武昌。高祖说："汉口宽不过一里，可以步攻箭射相配合，房僧寄带重兵固守，是郢城人的掎角。如果所有的军队都前进，敌军肯定会断绝我军的退路，一旦受阻，便会后悔莫及。现在想派王茂、曹景宗所部渡江，与荆州军队相会合，以逼近敌军的堡垒。我从背后包围鲁山，以打通沔、汉。郧城、竟陵等地的粮食，可顺流而下运出；江陵、湘中的军队，连接着可随即赶到，这样粮食充足、兵员增多，围守这两个城，不攻便会自拔，可以很轻易地夺取天下。"众将领都说："妙！"于是便派王茂、曹景宗率兵渡江，进驻九里。当天，张冲出兵迎战，王茂等拦击敌军，大破敌军，敌人卸盔丢甲逃跑。荆州刺史派冠军将军邓元起、军主王世兴、田安等好几千人，在夏普会合大军。高祖修筑汉口城的工事据守鲁山，命令水军将领张惠绍、朱思远等在江中游弋阻截，中断郢、鲁二城的信使。

三月，便命令邓元起进军据守南堂西陼，田安之驻城北，王世兴驻守曲水老城。当时，张冲已死，其部下推荐军主薛元嗣和张冲的长史程茂为主帅。

三月十一日，南康王在江陵即帝位，将永元三年改称为中兴元年，遥废东昏侯为涪陵王。任高祖为尚书左仆射，加封征东大将军、都督征讨诸军事，手握黄钺。西台又派冠军将军萧颖达带兵来会师。当日，薛元嗣的将领沈难当率轻舰几千艘，争先攻击，张惠绍等将他们一击破，全部擒获。

四月，高祖出师沔阳，命令王茂、萧颖达等进兵逼近郢城。薛元嗣作战很疲惫，所以不敢出来迎战。众将领想乘机攻击，高祖没有同意。

五月，东昏侯派宁朔将军吴子阳、军主光子衿等十三军援救郢州，进守巴口。

六月，西台派遣卫尉席阐文慰劳将士，带回萧颖胄等人的建议，对高祖说："现在屯兵在长江两岸，不合力围攻郢城，平定西阳、武昌，攻占江州，有利的战机已失去；不如向魏求援，与北边的邻国结联和好，仍不失为一个好的计策。"高祖对席阐文说："汉口有大道与荆、雍相通，控制牵引秦、梁，粮草运输、物资储备，都要关注这里发生的任何变化，所以大兵逼压汉口，势必引起好几个州的连锁反应。现在如果将军队合在一起去围攻城池，又分兵几路前进，鲁山必然是前去沔阳路上的障碍，此地地势险要，有掩喉控颈的形势。如果粮草送运不畅通，军队自然会离散，哪里能持久呢？邓元起最近想派兵三千前去平定寻阳，对方如果突然醒悟到须识时务，派一个郦生就足够了；假如抗拒王师，三千兵不能攻下来。前进与后退都没凭据，我看不可行。西阳、武昌攻击便可占领，占领后便应加以镇守。驻守两城不能少于一万士兵。粮食储备问题还不大，可是兵员却无从补充。如果贼军中有能干远见的人，万人攻击一城，两城势必不能相互呼应救助。如果我分出兵力前去增援，则前锋与后援都被削弱；如果不派兵增援，孤立的城池肯定会被攻陷落入敌手。一座城陷落后，几个城便会逐一象土崩裂一样很快陷落，这样天下大业便休矣。如果攻克了郢城，就能席卷长江流域沿途的城池，西阳、武昌，自然闻风披靡，何必把兵众分散得七零八落，自己制造危险和麻烦呢！而且我们的一举一行，都应合着天象的运行；更可况拥有好几个州的兵力以诛伐群贼，拦坝蓄水去扑火，哪有不灭的道理？怎能向北面请救，以显出自己弱小呢！而且魏国未必能守信用，只是白白地让我们蒙受不好的名声。这样的下等计谋，怎能说是上策呢？你替我向镇守的军队讲清楚：前途攻取，都已托付讲明了，发生的一切都看在眼里，不要担心不能胜利，希望驻守的军队安心地镇守好了！"

吴子阳等进军武口，高祖便命令军主梁天惠，蔡道祐据守渔湖城，唐修期、刘道曼屯兵白阳垒，夹持长江两岸准备迎击敌军。吴子阳又进占加湖，距离郢城三十里，傍山面水，修筑营垒以坚守。鲁山城首脑房僧寄死去，众人重新推举助理防务孙乐祖代替城主职位。七月，高祖命王茂率曹仲宗、康绚、武会超等偷偷出兵袭击加湖，打算攻打吴子阳。当时河水干涸不能行船，当夜河水猛涨，众兵乘流齐进，擂鼓呐喊攻击敌军，敌人很快溃败，吴子阳等人逃走，士兵都在江水中淹死众多。王茂俘虏余众，凯旋而归。于是郢、鲁、二城相互联通呼应。

此前，东昏派遣冠军将军陈伯之镇守江州，作为吴子阳的后援。高祖便对众将领说："出征讨伐不一定总是赁借实力，成名更重要。现在加湖之战敌军大败，谁人敢不慑服。陈虎牙是陈伯之的儿子，狼狈地逃回家，那里的人们在感情上按理应会恐惧，我认为九江发一篇檄文便可以平定。"因此命令搜查抓获的俘虏，发现其中有一位是陈伯之的幢主，名叫苏隆之，给优厚的赏赐，让他将檄文传送过去。鲁山城主孙乐祖、郢城主程茂、薛元嗣先后请求归降。起初，郢城关闭城门时将佐文武男女人口十几万人，疾病瘟疫流行死亡者有十分之七八，至城门打开，高祖都加以抚恤，对死人给予棺材。

先前，汝南人胡文超在溵阳起义，请求讨伐义阳、安陆等郡以便能够效力高祖，高祖又派遣军主唐修期攻打随郡，都取得了胜利、攻克了城池。司州刺史王僧景派自己的儿子王贞孙作为人质请求不要攻击，司州被和平解决。

陈伯之派遣苏隆之前来覆命，说不便于进军。高祖说："陈伯之这句话，说明他进退不定，乘他犹豫不决时，快速出兵攻击他，使他无计可施，必定不能有大的危害。"便命令邓元起率领众兵，即日沿江而下。八月，天子遣黄门侍郎苏回慰劳军队。高祖登上战船，命令诸将领依次上路前进，留下上庸太守韦黼驻守郢城，执掌州府事务。邓元起快到寻阳，陈伯之仍然猜疑恐惧，便收兵退保湖口，留下他的儿子陈虎牙驻守盆城。等到高祖来到时，便缴械束甲请罪。九月，天子下诏让高祖平定东夏，并相机行事。就在这个月，留下少府、长史郑绍叔驻守江州城。先头部队到达芜湖，南豫州刺史申胄丢弃姑孰逃走，至此大军进据之，照例派遣曹景宗、萧颖达率领骑兵、步兵进驻江宁。东昏侯派遣征虏将军李居士率领步兵迎战，被曹景宗所部击溃。于是王茂、邓元起、吕僧珍进据赤鼻逻，曹景宗、陈伯之所部为机动部队。当天，新亭城主江道林率兵出战，在战斗中被众兵擒获。大军到达新林后，命令王茂进据越城，曹景宗据守皂荚桥，邓元起据守道士墩，陈伯之据守篱门。江道林残余部队退却屯驻航南，义军穷追不舍，因而江军再次溃散逃亡，退守保卫朱爵，凭借淮河以自卫。当时李居士仍据守新亭垒，请求东昏侯火烧南岸城镇的旁屋以开辟新的战场。自大航以西、新亭以北，都被夷为平地。

十月，齐朝乐昏侯的石头城军主朱僧勇率领水军二千人归降。东昏侯又派遣征虏将军王珍国率领军主胡虎牙等在航南大路布下战阵，全都配备强兵锐器，人数有十数万。宦官王伥子手持白虎旗幡督率各路大军，又拆断航桥，以断绝军队的退路，誓死决战。王茂、曹景宗自两边拉开阵势、互成犄角，相互声援急速前进，将士们展开殊死搏战，无不以一当百，战鼓声、呐喊声震天动地。王珍国的部队，一时间土崩瓦解，跳入淮河而死者，尸体堆积与航桥等高，后到的人踩着死者的尸体渡过淮河，于是朱爵等军皆望风而溃。义军追至宣阳门，李居士交出新亭垒、徐元瑜交出东府城投降，石头、白下等地的守军都被击败。二十一日，高祖镇守石头城，命令各路大军包围六个城门，东昏侯便放火烧门内，驱逼营署、官府一并入城，聚众二十万人。青州刺史桓和在东昏侯面前假称出战，乘机率所部前来投降。高祖下令各路大军修筑工事。

起初，义军逼近，东昏侯派遣军主左僧庆镇守京口，常僧景镇守广陵，李叔献屯兵瓜步，后来申胄从姑孰逃归，又让他屯兵破墩以为东北声援。至此，高祖派遣使者前去讲明形势和道理，他们都率部众归降。于是派遣自己的弟弟辅国将军萧秀镇守京口，辅国将军萧恢屯守破墩，从弟宁朔将军萧景镇守广陵。吴郡太守蔡缚弃本郡赴义师。

十二月初六，兼卫尉张稷、北徐州刺史王珍国杀死了东昏侯，将他的人头送给义师。高祖命令吕僧珍统率大军封锁府库及图书秘籍，收东昏侯的妃子潘妃及凶党王咺之等四十一位属官，加以斩杀。宣德皇后下令废涪凌王为东昏侯，依照汉朝海昏侯旧例。授高祖中书监、都督扬州南徐州两州的军事、大司马、录尚书、骠骑大将军、扬州刺史等职，封为建安郡公，食邑万户，给班剑四十人，黄铖、侍中、征讨军事等职权一并保留，依照晋武陵王遵承制的旧例。

十九日，高祖入屯阅武堂。

中兴二年（502）二月初二，接受任命为相国、梁公。三月初三，接受任命为梁王。三月二十八日，齐帝将帝位让给梁王。

高祖上表推让，未获允准。于是齐百官豫章王元琳等八百一十九人，以及梁王府台侍中萧云等一百一十七人，共同上表劝高祖接受天命，高祖谦让不接受。当天，太史令蒋道秀列举天文符谶六十四条，事情都很明显；群臣再次上表恳求，高祖才接受禅让践帝位。

太清二年（548）春正月初七，魏攻陷涡阳。十二日，豫州刺史羊鸦仁、殷州刺史羊思达，均弃城逃走，魏进据之。二十三日，以大将军侯景为南豫州刺史，安北将军、南豫州刺史鄱阳王萧范为合州刺史。

秋八月初十，侯景叛乱，接连攻打马头、木栅、荆山等戍。十六日，安前将军、开府仪同三司邵陵王萧纶统帅众军讨伐侯景。特赦南豫州。

冬十月，侯景袭击谯州，执刺史萧泰。二十日，侯景进兵攻历阳，太守庄铁降于景。二十二日，侯景自横江渡至采石。二十四日，侯景军至京师，临贺王萧正德率众附从贼军。

十一月初四，贼军攻陷东府城，杀南浦侯萧推、中军司马杨暾。二十三日，邵陵王萧纶率武州刺史萧弄璋、前谯州刺史赵伯超等入援京师，屯驻于钟山爱敬寺。二十八日，萧纶进军湖头，与贼军作战，兵败。二十九日，安北将军鄱阳王萧范遣嫡长子萧嗣、雄信将军裴之高等率众入援，驻扎于张公洲。

十二月三十日，司州刺史柳仲礼、前衡州刺史韦粲、高州刺史李迁仕、前司州刺史羊鸦仁等均率军入援，推举柳仲礼为大都督。

三年（549）春正月初一，柳仲礼率众分营据守南岸。同日，贼军于青塘渡兵，袭破韦粲军营，韦粲拒战身死。初四，邵陵王萧纶、东扬州刺史临成公萧大连等率兵会集于南岸。十二日，高州刺史李迁仕、天门太守樊文皎进军青溪东，被贼击败，文皎战死。

二月二十一日，南兖州刺史南康王萧会理，前青冀二州刺史湘潭侯萧退率江州兵马屯驻于兰亭苑。二十四日，安北将军、合州刺史鄱阳王萧范于本号外加任开府仪同三司。

三月初三，前司州刺史羊鸦仁等进军东府北，与贼军作战，大败。十二日，贼军攻陷宫城，纵兵大肆抢掠。十四日，贼矫诏遣石城公萧大款撤去外援军。十五日，侯景自任为都督中外诸军事、大丞相、录尚书。十六日，援军各自退却散去。

四月二十四日，高祖因所求食物得不到供应，忧愤成疾。同月，青冀二州刺史明少遐、东徐州刺史湛海珍、北青州刺史王奉伯各自以本州附从于魏。

五月初三，高祖崩逝于净居殿，时年八十六岁。

高祖生来就懂得孝道。六岁时，献皇太后崩驾，高祖多日水米不进，哀哀哭泣，痛苦之状胜过成年人，内外亲属，都对他特别敬重。及至丁服文皇帝丧事，当时正为齐朝随王咨议，随府在荆州镇，隐约听得父丧消息，便急急上投自劾之文辞官而去，连夜奔走，不吃不睡，日夜兼程地赶路，不管风高浪险，

269

一刻也不曾休歇。高祖本来强壮，待到还至京都，清瘦得皮包骨头，亲友难以识识。面对旧宅举丧号哭，声断气绝，好久不省人事，每当临哭便呕血数升。服丧期间不再有米粒沾牙，仅仅靠大麦度日，每天仅食两棒。祭扫陵墓，涕泪所洒之处，草木为之变色。待到身居帝位，便于钟山造大爱敬寺，于清溪边造智度寺，又于台内立至敬等殿。又建七庙堂，每月过访两次，陈设素斋。每当行跪拜之礼时，总是潜然泪下，悲哀之状令左右十分感动。加以才德圣明，所擅长之事能精研究究，少时便潜心学问，精通儒玄二学。即使是日理万机，事务繁多之时，仍是手不释卷，燃烛点灯，常至五更。作《制旨孝经义》、《周易讲疏》及六十四卦、二《系》、《文言》、《序卦》等义，《乐社义》、《毛诗答问》、《春秋答问》、《尚书大义》、《中庸讲疏》、《孔子正言》、《老子讲疏》，总计二百余卷。且指正先儒迷惑不解之处，阐发先圣文句之大义。王侯朝臣均上表请求答疑，高祖逐一解释。整修装饰国学，增加生员，建立五馆，设置《五经》博士。加以忠实地信仰释迦正法，尤其长于佛典，作《涅盘》、《大品》、《净名》、《三慧》诸经义记，又数百卷。听政之闲，便于重云殿及同泰寺讲说，名僧、博学之辈，比丘、比丘尼、优婆塞、化婆夷四部听众，每每万余人。又作《通史》，亲自作赞与序，共六百卷。天性睿智聪明，下笔成文，即使是千篇赋百首诗，文不加点，一书而就，都是文质彬彬。从诏铭赞谏到箴颂笺奏，从在郡之日到登帝位之时，各种文集，又有一百二十卷。礼乐书数射御六艺均十分娴熟，棋艺到了炉火纯青的地步，于阴阳、谶纬、预测之学，占卜之术，样样精通。又撰《金策）三十卷。所作草书、隶书、尺牍，及骑马射箭之术，无不令人叫绝。勤于政事，孜孜不倦。每至冬日，四更刚完，便敕令使者举烛视事，执笔时遭遇寒气，手背因此而皲裂。惩治奸人，挖掘隐恶，洞察物理人情，每每哀怜流涕，然后准许上奏。每日只食一餐，膳食中没有鲜鱼肥肉，只有些豆羹粗食而已。各种政务繁多，如果日已过午，便嗽嗽口继续理政。身上穿着布衣，以木棉布作成黑色粗质帷帐，一顶帽子用三年，一床被子用两年。平常所行节俭之事，如上者举不胜举。五十开外便断绝房事。后宫职司自贵妃以下，六宫除祭祀礼服之外，都是衣不曳地，衣袖也不用锦绮。不饮酒，不听音乐，只要不是宗庙祭祀，大宴宾客及各种法事，不曾奏乐。生性方正，虽居小殿暗室，也总是衣冠整齐。闲坐时也将腰挺得笔直，盛夏酷暑，从不曾袒胸敞怀。如果不是仪表整洁，从不与人相见；即使与宦人、小臣见面，也像对待贵宾一样。纵观历代君主，温良恭俭，庄严肃穆，博学多艺，极少有像梁高祖这样的。

唯物主义无神论者——范缜

范缜，字子真，自幼孤苦贫穷，侍母亲至孝。年龄接近二十，听说沛国刘瓛聚众讲学，才前往跟他学习，出类拔萃而刻苦攻读，刘瓛对他十分器重，亲自替他举行加冠礼。在刘瓛门下多年，无论什么时候，总是穿草鞋布衣，步行于路。刘瓛门下乘车骑马的王公贵族很多，范缜在他的门下，毫无羞愧。已长大成人，博通经学，尤其精于《周礼》、《仪礼》和《礼记》。为人正直，喜发高论和惊人之语，发表高论，得不到士友的赞同，只与表弟萧琛相互理解，萧琛称范缜叫"口辩"，十分佩服他具有很深的造诣。

范缜起先在齐朝官宁蛮主簿，经多次提升官至尚书殿中郎。齐武帝永明年间，与北魏和亲，每年互通聘问修好，特地挑选有才学之士作为使臣，范缜及堂弟范云、萧琛、琅邪颜幼明、河东裴昭明相继受命，都显名于邻国。当时竟陵王萧子良广招宾客，范缜也在其中。建武年间，升为领军长史。出任宜都太守，因母亲逝世而离职。回家在南州居住。义军到来，范缜穿着黑色丧服出迎。梁高祖萧衍曾与范缜同游萧子良的西邸且交情不错，见面之后很高兴。至平定建康城，委派范缜为晋安太守。在郡任职期间，十分清廉节俭，全凭俸禄维持生计。工作四年，调任尚书左丞。范缜无论离职复任，即使是亲戚都无所馈赠，唯独馈赠前尚书令王亮。范缜在齐朝做官时，与王亮同在尚书台为郎，素有交情，到这时王亮被摈弃在家。范缜亲自出迎梁高祖的军队，志在得到卿相的职位，后来愿望没有实现，便时常怏怏不乐，所以私下相互亲近结交，以使矫正时弊。后来终究因为王亮而获罪，被流放到广州。

最初，范缜在齐朝，曾侍奉竟陵王萧子良。萧子良诚心信佛，而范缜极力声言无佛。萧子良问道："您不相信因果报应，那么世间怎么会有富贵，怎么会有贫贱？"范缜回答说："人的出生好比一棵树上的花，同样在一枝树杈上发芽，一起在一个花蒂上绽开，随风飘落，有的擦过窗帘落在绣垫上，有的穿过篱笆掉进粪坑里。落在绣垫上的，正是殿下您；掉进粪坑里的，正是下官我。贵贱即使差别再大，因果报应究竟如何体现呢？"萧子良说服不了他，心中十分不快。范缜回去阐明其中的道理，著《神灭论》说：

有人问我："怎样知道精神灭亡呢？"答："精神即形体，形体即精神，因此形体存在精神就存在，形体死亡精神就灭亡。"

问："形体是对没有知觉的称谓，精神是对有知觉的命名，有知觉和没知觉，在认识事物时就明显不同，精神和形体，按理而言是不容混而为一的，把形体和精神说成是一回事，真是闻所未闻。"答："形体是精神的实体，精神是形体的作用，这就是形体指实体而言，精神指作用而言，形体和精神，不能相互分开。"

问："精神本来不是实体，形体本来不是作用，说不能把它们分开，其中的道理在哪里呢？"答："名称不同而实体只有一个。"

问："名称既然已经不同，实体怎能只是一个？"答："精神对于实体，好比锋利对于刀刃，形体对于作用，好比刀刃对于锋利，锋利这个名称不是指刀刃，刀刃这个名称不是指锋利，但是抛开锋利就没有刀刃，抛开刀刃就没有锋利，没听说没有刀刃而锋利还存在，怎能形体死亡而精神还存在呢？"

问："刀刃对于锋利，或许像刚才所说，形体对于精神，其中的道理并不如此。凭什么这样说呢？树木的实体是没有知觉的，人的实体是有知觉的，人既然有像树木一样的实体，却具有与树木不同的知觉，难道不是树木具有实体，人具有实体又具有知觉吗？"答："奇怪呀，这种说法！人如果具有像树木那样有实体作为形体，又具有与树木不同的知觉作为精神，那么就可以像刚才论述的那样。如今人的实体，这种实体本身是具有知觉的，树木的实体，这种实体本身是不具有知觉的，人的实体不是树木的实体，树木的实体不是人的实体，哪里会有像树木的实体却又具有与树木不同的知觉呢！"

问："人的实体所以不同于树木的实体，是因为人的实体具有知觉。人如果没有知觉，与树木有什么不同？"答："人没有不具有知觉的实体，就好象树木没有具有知觉的形体一样。"

问："死人的形骸，难道不是没有知觉的实体吗？"答："死人的形骸是没有知觉的人实体。"

问："如此说来，人果真具有像树木一样的实体，却具有与树木不同的知觉了。"答："死人具有像树木那样的实体，却没有与树木不同的知觉；活人具有与树木不同的知觉，却没有像树木那样的实体。

问："死人的骨骼，不是活人的形骸吗？"答："活人的形体不是死人的形体，死人的形体不是活人的形体，已经区别得十分清楚了，哪里会有活人的形骸，却具有死人的骨骼呢！"

问："如果说活人的形骸不是死人的骨骼，既然不是死人的骨骼，那么不不应从活人的形骸变成，不从活人的形骸变成，那么死人的骨骼是从哪里变成这个样子呢？"答："这是从活人的形骸，变成了死者的骨骼啊。"

问："活人的形骸变成了死人的骨骼，难道不是因为有生才有死吗？这就知道死人的形体和活人的形体没有两样。"答："如果茂盛的树木变成了枯木，难道枯木的实体就是茂盛的树木的形体吗？

问："茂盛的形体变成了干枯的形体，干枯的形体就是茂盛的形体；蚕丝的形体变成了丝线的形体，丝线的形体就是蚕丝的形体，这里有什么区别呢？"答："如果干枯就是茂盛，茂盛就是干枯，就应该茂盛的时候凋零，干枯的时候结果。又茂盛的树木不应变成干枯的树木，因为茂盛就是干枯，那便没有什么再变化的了。茂盛和干枯是一回事，为何不先干枯后茂盛呢？必定先茂盛后干枯，为什么呢？蚕丝和丝线的道理，也与这种剖析相同。"

问："活人形体的消亡，就应该豁然都没有，为何刚成为死人的形体，还拖延很长时期没完了呢？"答："这是因为有生有灭的形体，要有各自生灭的顺序的缘故。那些突然产生的东西必定会突然灭亡，逐渐产生的东西必定逐渐灭亡。突然产生的，暴风骤雨正是这种东西；逐渐产生的，动物植物正是这种东西。有的突然生灭，有的逐渐生灭，这是万物自身的规律。"

问："形体就是精神，手之类也是精神吗？"答："都是精神的一部分。"

　　问："如果都是精神的一部分，精神既然能思虑，手之类也应该能够思虑。"答："手之类也应该有痛痒的感觉，但没有对是非的思虑。"

　　问："感觉和思虑，是一回事是两回事？"答："感觉就是思虑，程度浅是感觉，程度深是思虑。"

　　问："像这样，应该有两种思虑，思虑既然有两种，那么精神有两种吗？"答："人的形体只是一个，精神怎能有两个？"

　　问："如果不能有两个，怎能有痛痒的感觉，又有对是非的思虑？"答："像手和脚虽然不同，终究是一个人，对是非的思虑与对痛痒的感觉虽然仍有区别，也终究只是一个精神。"

　　问："对是非的思虑，与手足无关，应与什么地方相关？"答："对是非的思虑，是由心这种器官主宰的。"

　　问："心这种器官，是指五脏中的心，不是吗？"答："是的。"

　　问："五脏有什么区别，而唯独心具有对是非的思虑呢？"答："七窍又还有什么区别，可是所起的作用却不一样。"

　　问："思虑没有固定的领域，怎么知道是由心这种器官主宰的呢？"答："五脏各有自己主管的事情，其他脏器没有能进行思虑的，因此知道心脏是进行思虑的主体。"

　　问："为何思虑不寄放在眼睛等身体的其他部分之中？"答："如果思虑可以寄放在眼睛部分，眼睛为何不寄放在耳朵部分呢？"

问："思虑自身没有本体，因而可以寄放在眼睛部分，眼睛自身有主体，不需要寄放在其他部分。"答："眼睛为何有本体而思虑没有本体，假若思虑没有本体在我的形体中，而且可以普遍寄放在别的地方，那么张甲的性情也可以寄放在王乙的身体中，李丙的性情也可以寄放在赵丁的身体中。是这样吗？不是这样的。"

问："圣人的形体和凡人的形体一样，却有凡人和圣人的区别，所以知道形体与精神根本不同。"答："不对。纯金能照，有杂质的不能照，具有能照特性的纯金，哪里会有不能照的杂质。又哪里有圣人的精神却寄托在凡人的器官中，也没有凡人的精神却寄托在圣人的身体里。因此眉八彩，眼重瞳，这是尧和舜的容貌，龙颜、马口，这是轩辕和皋陶的容貌，这都属于外表形态的奇异之处。比干的心，内分七窍，姜维的胆，大如拳头，这都属于心脏器官的特殊表现。由此可知圣人生就的特质，每每与常人大不一样，不仅是圣人的道德与众不同，就连形体也超越众生。将凡人与圣人的形体等同起来，这是无法接受的。"

问："您说圣人的形体一定与凡人不同，请问阳货与孔子相似，项籍与舜相似，舜、项籍、孔子、阳货的智慧有天渊之别，而形体却相同，这是什么缘故呢？"答："珉与玉类似却不是玉，鸡与凤凰类似的却不是凤凰，万物中的确有这种现象，人本来也不例外。项籍、阳货的外貌相似而实质并不相似，心脏器官不一样，虽然外貌相似也毫无用处。"

问："凡人与圣人的差别，形体与器官不同，可以这样说；圣人十全十美，按理不应有差别，但孔子、周公的外貌不同，商汤、文王的形状两样，说明精神与形体并不相互依存，从这里表现得更加明显了。"答："圣人在心脏器官方面相同，形体不一定相同，就象马的毛色不一而同样善于奔跑，玉的色泽有别而全都十分美好。因此晋国的垂棘璧、楚国的和氏璧同样价值连城，骅骝宝马、骒骊良驹都能一日千里。"

问："形体与精神不能截然分开，已经听清楚了，形体死亡，精神也就灭亡，道理本该如此。请问经书上说'为死去的父母建立宗庙，用对待鬼神的礼节祭祀他们'，讲的是什么意思呢？"答："圣人的教化是这样的，目的在于安定孝子的心情，进而清除苟且不忠厚的想法，将死人神化，正是从这种考虑出发的。"

问："死去的伯在披着甲胄，谢世的鼓生化为大猪出现，典籍著录这些事情，难道是为了推行教化吗？"答："妖怪渺茫，有真有假，暴死的人很多，没有都变成鬼，为什么唯独鼓生、伯有能这样呢？突然出现的人和猪的形象，未必就是齐国的彭生、郑国的伯有啊！"

问："《周易》说：'圣人因此知道鬼神的情状。圣人与天地相类似，因而不违反天地之道。'又说：'一辆车装着鬼。'其中说的是什么意思？"答："有的是禽，有的是兽，区别在于会飞还是会跑；有的是人，有的是鬼，区别在于显见还是幽隐。

人死会变成鬼，鬼亡会变成人，那就不知道了。"

　　问："知道这种精神消亡的道理，有什么用处呢?"答："浮屠危害政事，沙门败坏风俗，如风惊雾起，驰荡不休，我对由此产生的弊病深感悲痛，想拯救那些执迷不悟的人。为什么那些人收尽钱财去请和尚，倾家荡产去皈依佛门，却不怜恤亲戚，不怜悯穷人呢? 实在是由于厚待自己的想法太多，帮助别人的考虑太少。因此薄礼赠予贫穷的友人，吝啬的表情就现在脸上；巨资送给富有的和尚，喜悦的心情便流露于容发。难道不是因为在和尚那里寄托着美好的期待，从亲友那里得不到丝毫的回报，进行施舍，一点儿不救济贫穷，积攒功德，全都是为了自己，加上被愚昧的话所迷惑，对地狱苦楚十分恐惧，受虚妄之辞的引诱，对天堂欢乐十分欣羡，因此抛弃儒家的服饰，穿起和尚的袈裟，取消传统的祭典，陈设释氏的器具，家家抛弃亲人，人人断绝后嗣，致使队伍缺兵，官府无吏，粮食被游手好闲的懒汉用光，财物被泥塑木雕的庙宇耗尽。所以坏人不受惩处，颂声仍旧盈年。正因为如此，它的影响无休无止，它的危害没边没际。万物的生成出于自然，万物的变化都来源于自身，倾刻存在，转瞬消逝，生不加阻碍，死不予追寻，顺应天理，全都安于自身的禀性，小人安于种植，君子安于寡欲，耕种而后饮食，食品不可穷尽，养蚕而后穿着，衣物不会缺少，下层的人生活有余用来供养上层的人，上层的人少私寡欲对下层不加干预，能够尽其天年，能够治好国家，能够称霸天下，凭借的就是自然无为之道。"